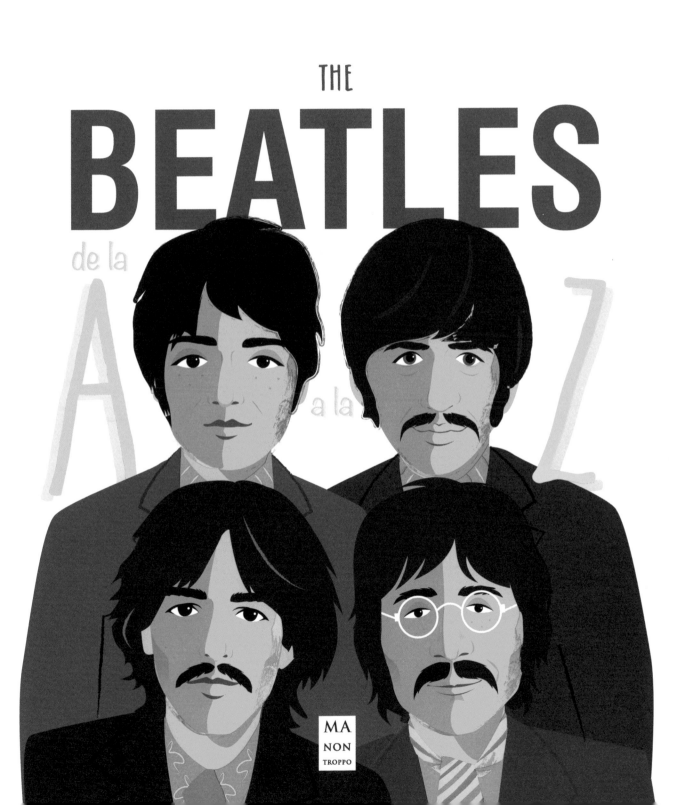

THE
BEATLES
de la A a la Z

MA
NON
TROPPO

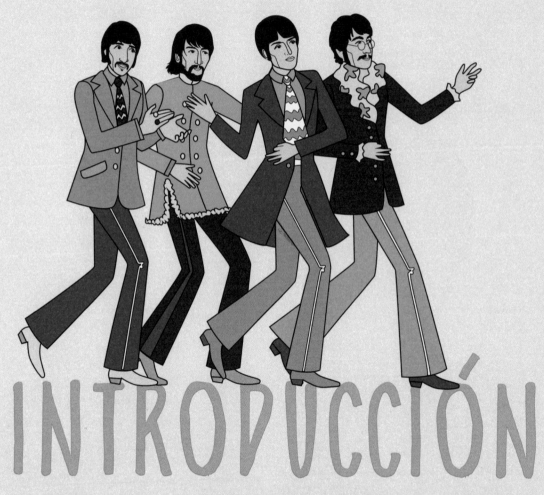

INTRODUCCIÓN

Los Beatles necesitan poca introducción. Es la banda con mayores ventas, la más popular y la más influyente en la historia de la música. Hicieron famosa la ciudad de Liverpool y son una pieza clave de la cultura contemporánea. Solo escuchar su nombre trae inmediatamente a la memoria imágenes, nombres, frases y momentos: los Fab Four, *mop-tops*, reverencias coordinadas hacia al público, retiros de meditación en la India, abalorios y caftanes, «más populares que Jesús», Sgt. Pepper, el paso de cebra de Abbey Road, las conspiraciones de 'Paul está muerto' y un largo etcétera. Los Beatles han brindado a la cultura popular innumerables momentos icónicos. La mayoría de la gente tiene una canción favorita de los Beatles, asimismo, muchas personas cuando escuchan esa canción en concreto reviven en su memoria algún acontecimiento importante en sus vidas. En relativamente poco tiempo, un período de ocho años, los Beatles revolucionaron para siempre la música pop y el rock-and-roll. Con una creatividad sin límites, un talento prodigioso y un oído increíble para la melodía, John, Paul, George y Ringo se convirtieron en una de las mejores bandas de la historia. La fama que alcanzaron fue algo fuera de lo común. El cuarteto continuaría resonando incluso cuando la música pop mutara y se difuminara a través de la frágil división cultural de los siglos XX y XXI.

En el epicentro de esta dinámica se encontraba el mayor dúo de compositores de música contemporánea, Lennon-McCartney. Una colaboración tremendamente creativa, sin embargo, inestable a la larga, que produjo muchas de las mejores canciones de la música moderna, pero que terminó en una bola de fuego.

La banda tuvo un comienzo entusiasta y ansioso, casi ingenuo, pero lentamente sucumbió al ataque de la fama, cuyos atractivos se volvieron cada vez menos importantes para los Beatles mientras se esforzaban por retirarse de la constante atención de los medios y del público.

Los Beatles estuvieron a la vanguardia de las técnicas de estudio revolucionarias y desafiaron las normas aceptadas del pop y el rock con la ayuda del productor George Martin y un montón de ingenieros brillantes con mucha inventiva. Revolucionaron las estructuras de composición de canciones y fueron una banda que escribía su propio material (antes de los Beatles las canciones eran en su mayoría escritas por expertos para que otras personas las cantaran). El constante deseo de la banda de no estancarse o dormirse en los laureles les llevó a estar en la vanguardia de los vídeos musicales y a inventar el álbum conceptual, el rock psicodélico y el pop melódico indie, incluso predijeron el punk y el metal. Transformaron el *biopic* cinematográfico, llevaron la animación al nivel del arte y la banda de pop a un grupo desafiante que podía vocalizar sus propias frustraciones con un mundo poco compasivo.

The Beatles de la A a la Z se sumerge profundamente en la historia de los Beatles para descubrir algunos datos menos conocidos, anécdotas y detalles fascinantes que se esconden bajo las muchas capas de las famosas historias, canciones y álbumes de los Beatles, momentos tan arraigados en la cultura contemporánea que ahora es imposible imaginar la progresión de la música popular sin ellos.

STEVE WIDE

también de

Australia

Cuando los Beatles llegaron a Australia en 1964, comenzó en este país la vibrante década de los sesenta. Ringo se perdió parte de la gira debido a una amigdalitis. El baterista Jimmie Nicol lo sustituyó y disfrutó de sus cuatro días de fama. En Adelaida, 300.000 personas acudieron a recibirlos. Fue la mayor multitud que los Beatles jamás hayan reunido.

Abbey Road

Este undécimo álbum de estudio es una mezcla de estilos fascinante. Los últimos temas del álbum se unen entre sí y culminan en el exquisito crescendo de «The End». La mayor parte de la grabación ya se había llevado a cabo para su álbum *Let It Be*, así que el 20 de agosto de 1969, el día final de mezcla y edición de *Abbey Road*, fue la última vez que los cuatro Beatles estuvieron juntos en el estudio. El álbum también incluye dos de las mejores canciones jamás escritas, «Something» y «Here Comes the Sun» de George Harrison.

Awards (Premios)

Durante su carrera (y en los años siguientes) los Beatles acumularon numerosos premios. Ganaron un Óscar en la categoría de Mejor Banda Sonora Adaptada por *Let It Be* en 1971. Ganaron un total de cuatro premios Brit, entre los que se incluyen el Premio a la Contribución Musical Excepcional en 1977 y 1983. En 2014 ganaron un Premio Grammy por su carrera artística y en 1972 el Premio de la Administración Grammy, así como otros siete Grammys. También han recibido un total de 19 premios Ivor Novello y 17 premios NME. Fueron incluidos en el Salón de la Fama del Rock and Roll en 1988 y en el Salón de la Fama del Reino Unido en 2004.

La tienda de Apple Corps era la Apple Boutique, inaugurada en 1967 en Marylebone, Londres. Según Paul McCartney el objetivo era proporcionar «un lugar bonito donde la gente guapa pudiese comprar cosas bonitas». El colectivo artístico The Fool recibió 100.000£ para diseñar y abastecer la tienda que vendía principalmente ropa y accesorios. La tienda cerró en 1968.

Otros artistas del sello discográfico Apple Records fueron Yoko Ono, Billy Preston, Ronnie Spector, Ravi Shankar, Badfinger, Mary Hopkin y James Taylor.

El nombre Apple Corps es un juego de palabras, ya que se pronuncia igual como Apple Core ('corazón de manzana'), el primer nombre que se le ocurrió a McCartney para la compañía. El logotipo icónico lo diseñó Gene Mahon, inspirándose en el cuadro *Le Jeu De Mourre* de René Magritte.

1978 marcó el comienzo de muchas batallas legales entre Apple Corps y Apple Inc. (creador del ordenador Apple). En 1981 se llegó a un acuerdo en el que Apple Inc. pagó a Apple Corps 80.000$ y aceptó mantenerse al margen del negocio de la música. Apple Corps demandó a Apple Inc. de nuevo en 1989, alegando que la capacidad del ordenador para reproducir música MIDI era una violación del acuerdo. Esta vez Apple Inc. tuvo que pagar 26,5 millones de dólares. Citando las mismas razones, Apple Corps interpuso una tercera demanda contra iTunes y el iPod, pero acabó perdiendo.

A de APPLE

Apple Corps Ltd, una empresa especializada en publicación musical, cine, electrónica y venta al por menor, fue fundada por los Beatles en Londres en 1968. Sobre la creación de la compañía John Lennon declaró: «Nuestro contable se presentó y nos dijo: "Tenemos esta cantidad de dinero. ¿Queréis dárselo al gobierno o hacer algo con él?"» Después de disolver su compañía existente, The Beatles Ltd (la empresa que formaron con Brian Epstein antes de su muerte en 1967), fundaron The Beatles & Co, de la cual cada miembro de los Beatles poseía una participación del cinco por ciento. Apple Corps tendría el control del 80% restante. Dada su inexperiencia en temas de negocios, hicieron un desastre de sus finanzas y a menudo sus empleados se aprovechaban de ellos, gastando el dinero en drogas, alcohol y cenas lujosas. Los Fab Four se turnaban para sentarse en la oficina fingiendo estar a cargo del negocio sin tener idea de lo que estaban haciendo. Después de varios intentos (fallidos) de dirigir la empresa por su cuenta, los Beatles contrataron a Allen Klein como su mánager, un hombre de negocios estadounidense que se ocupó de poner en orden las finanzas. Cuando la sociedad de los Beatles se disolvió oficialmente en 1975, la banda mantuvo el control de Apple Corps. El actual CEO es Jeff Jones y según consta el negocio aporta unos ingresos netos de 67.000 libras esterlinas al día para los Beatles supervivientes y los herederos de John Lennon y George Harrison, a pesar de no poseer los derechos de propiedad del catálogo de grabaciones discográficas de los Beatles.

B de **BEATLEMANÍA**

El fervor desatado en los fans de los Beatles, que llegó a ser conocido como 'Beatlemanía', es legendario en los anales de la música pop. El término aparece en varias fuentes en 1963, pocos meses después del lanzamiento del primer LP de la banda: en el artículo de Vincent Mulchrone «This Beatlemania» en el *Daily Mail* del 21 de octubre; en el titular «BEATLEMANIA» del *Daily Mirror* el 2 de noviembre; el promotor musical escocés Andi Lothian afirma que acuñó el término mientras hablaba con un periodista el 5 de octubre; y Tony Barrow, publicista de los Beatles, supuestamente lo atribuyó a la prensa durante los conciertos del London Palladium en octubre. Parece ser que el apogeo de la beatlemanía fue en 1964 durante su gira por Europa, Estados Unidos, Hong Kong, Australia y Nueva Zelanda. Pero ¿qué pensaban los Beatles de la beatlemanía? En palabras de George Harrison: «Cuanto más famosos nos hacíamos, más chicas venían a vernos y todas chillaban tanto que nadie podía oír la música». La beatlemanía se mantuvo variando en intensidad hasta la disolución del grupo en 1970, a pesar de que la banda no volvió a salir de gira desde 1968.

La superfán Jan Myers declaró en una entrevista con el *Japan Times*: «Éramos unas fanáticas. Podíamos quedarnos fuera de Abbey Road durante 16 horas y mientras uno de ellos apareciera y sonriera o dijera algo, ya éramos felices».

El 9 de febrero de 1964, cuando los Beatles actuaron en *The Ed Sullivan Show* en los Estados Unidos, 73 millones de espectadores vieron el programa, el 34% de la población. En los nueve días que duró la gira de los Beatles por Estados Unidos, se estima que los estadounidenses compraron dos millones de discos.

Es difícil pensar en los Beatles sin imaginarlos huyendo por una calle principal mientras les persiguen sus fans enloquecidas; o actuando en el escenario de forma casi inaudible en medio de los gritos eufóricos de la multitud.

El término 'manía' en referencia al *fandom* obsesivo se había utilizado ya en la década de 1840, cuando el compositor Franz Liszt despertó una devoción similar a la de los Beatles. Los Bay City Rollers más tarde se ganarían el término 'Rollermanía' a principios de la década de los setenta y las Spice Girls disfrutaron del efímero 'Spicemanía' a finales de los noventa.

también de

Back catalogue (catálogo de fondo)

La historia sobre la propiedad del catálogo de fondo de los Beatles es compleja. Sin embargo, el dueño más famoso fue probablemente Michael Jackson, quien compró los derechos de la compañía ATV Music en 1985, derechos que incluían 250 canciones de Lennon-McCartney. Después de la muerte de Jackson, Sony compró ATV. En 2017, Paul McCartney presentó una demanda contra Sony en un intento de recuperar los derechos del catálogo de los Beatles.

«Back in the U.S.S.R.»

Este tema de apertura de *The Beatles (The White Album)* fue la respuesta satírica de McCartney a la visión perfectamente bronceada del «California Girls» de los Beach Boys y el «Back in the USA» de Chuck Berry. En todo caso, Berry fue una gran inspiración para los Beatles y, tras la muerte de Berry, McCartney declaró: «Es imposible resumir lo que significó para todos los jóvenes que crecimos en Liverpool».

David Bailey

El genial fotógrafo de los años sesenta David Bailey fotografió a los Beatles en 1965 para su famoso portafolio de fotografías *Box of Pin-Ups*, una serie de retratos nítidos en blanco y negro. Bailey comentó a la revista GQ que durante la sesión se notaban unas tensiones tan obvias entre Lennon y McCartney que se vio obligado a colocarlos uno detrás del otro. Más tarde tuvo problemas similares con Noel y Liam Gallagher de Oasis.

también de

«Come Together»

La apertura de Lennon en *Abbey Road* estableció la pauta para sus futuras grabaciones en solitario. El tembloroso ritmo del bajo es reconocible al instante. La canción se escribió para la campaña de Timothy Leary, quien se presentaba para el puesto de gobernador de California. El título de la canción proviene del eslogan de la campaña que terminó cuando Leary fue encarcelado por posesión de marihuana. En la introducción se puede escuchar a Lennon susurrando, «Shoot me» («Dispárame»), un detalle ciertamente inquietante.

Capitol Records

Capitol Records era el sello discográfico que lanzaba las grabaciones de los Beatles en los Estados Unidos, después del éxito de «I Want to Hold Your Hand». América tenía sus propias versiones de los discos de los Beatles, algunos de los cuales se han convertido en objetos de colección.

Covers de canciones

Los Beatles versionaron más de sesenta canciones. Los primeros álbumes estaban salpicados de *covers*, pero los Beatles sabían cómo hacerlas realmente suyas, como es el caso de «Twist and Shout», «Dizzy Miss Lizzy», «The Hippy Hippy Shake», «Long Tall Sally» y «Roll Over Beethoven».

Eric Clapton

Clapton tenía una larga vinculación con los Beatles. Cuando Harrison dejó la banda en 1969, Lennon quiso que Clapton lo reemplazara. Dijo: «Es igual de bueno y no da tantos quebraderos de cabeza».

Aunque no se puede considerar realmente un concierto, su espectáculo en vivo más famoso fue la improvisación de *Let It Be* en la azotea de las oficinas de Apple Corps en 1969, imitado por U2 muchos años más tarde en el vídeo de «Where the Streets Have No Name».

La superfán Maureen Lipman explicó que los encargados de la limpieza de un concierto en Hull habían encontrado «¡cuarenta pares de bragas abandonadas!»

En noviembre de 1963 los Beatles participaron en el Royal Variety Performance (una gala benéfica que se celebra anualmente en el Reino Unido en la que asisten miembros de la familia real y la crème de la crème de la aristocracia británica). De repente, durante la actuación, Lennon se dirigió a los espectadores y pronunció su famosa broma: «Los que están sentados en los asientos más baratos, aplaudan; el resto, basta con que sacudan sus joyas». Alguna cámara captó la reacción de la Reina Madre, que parecía divertirse con el chiste. Aparentemente Lennon había considerado decir «joyas de mierda», pero cambió de opinión en el último minuto.

A George Harrison casi se le negó la entrada en el Cavern Club para la primera actuación de la banda en el local porque parecía demasiado joven. La banda cobró 5 libras por este concierto. Hoy en día se estima que los Beatles aportan 82 millones de libras esterlinas al año a la economía de Liverpool.

El último concierto de los Beatles fue en Candlestick Park, San Francisco, un estadio con capacidad para 42.000 personas. Sin embargo, solo se vendieron 25.000 entradas, probablemente porque los Beatles habían caído en desgracia tras el desafortunado comentario de Lennon «más populares que Jesús». Las entradas costaban 4.50$ (admisión general) o 6.50$. Los Beatles recibieron 90.000$.

El concierto en el Hollywood Bowl es otro momento clave: fue el lugar donde se grabó el famoso álbum en vivo de los Beatles, *The Beatles at the Hollywood Bowl*, grabado durante tres noches en 1964 y 1965.

C de CONCIERTOS

En la cima de su fama, los conciertos de los Beatles eran acontecimientos desenfrenados en el que hordas de adolescentes abarrotaban enormes estadios y gritaban a todo pulmón, perdiéndose casi todos los matices del hábil trabajo de guitarra y composición de los Beatles. Sin embargo, eso tuvo sus consecuencias y los Beatles finalmente dejaron de hacer giras, pero no antes de tener algunas de las actuaciones más importantes de la música pop a sus espaldas. Los famosos conciertos de los Beatles se pueden resumir en algunos eventos verdaderamente espectaculares que hicieron historia. Una primera actuación de la banda (posiblemente) como los Beatles, con Pete Best a la batería, fue el 5 de enero de 1961 en el Ayuntamiento de Litherland en Merseyside. Después de eso, los escenarios del Casbah Coffee Club y el Cavern Club se convirtieron en habituales para la banda en Liverpool. Hamburgo los acogió en locales como el Kaiserkeller y el Top Ten. En 1963 tocaron en el London Palladium como parte del popular espectáculo *Sunday Night at the London Palladium*. En enero de 1964 interpretaron una serie de actuaciones en el Teatro Olympia de París. Supuestamente, alcanzaron la asombrosa cifra de 41 espectáculos en 18 días. El Coliseo de Washington en febrero de 1964 fue el lugar de la primera actuación en vivo de los Beatles en Estados Unidos (después del programa *The Ed Sullivan Show*) y contó con la asistencia de 8.000 fans. Su concierto en el estadio Shea de Nueva York en 1965 contó con la asistencia de 50.000 personas.

D de DISCOGRAFÍA

Please Please Me
Marzo de 1963

Beatles for Sale
Diciembre de 1964

Help!
Agosto de 1965

Rubber Soul
Diciembre de 1965

Revolver
Agosto de 1966

With the Beatles
Noviembre de 1963

A Hard Day's Night
Julio de 1964

Los Beatles sacaron muchos álbumes de estudio a lo largo de su carrera, así como innumerables *bootlegs*, álbumes en vivo, compilaciones y EPs. Publicaron 22 singles y 13 EPs. El recuento total de sus álbumes es un poco complicado. En el Reino Unido los Beatles lanzaron 12 álbumes, pero las versiones estéreo y mono, las reelaboraciones para las versiones internacionales y las bandas sonoras que se convirtieron en álbumes cambian el panorama cuando la lista se ve en su totalidad. A efectos de esta discografía nos basaremos en los álbumes oficiales del Reino Unido, ya que todas las variantes están basadas en ellos. Cabe destacar el álbum *My Bonnie* (1962) del músico de rock and roll Tony Sheridan. En él figura el grupo 'The Beat Brothers', formado por John Lennon, Paul McCartney, George Harrison, Stu Sutcliffe y Pete Best y por ello suele considerarse el primer disco de los Beatles. Aunque parezca increíble, no hay ningún año de intervalo entre los lanzamientos de los Beatles. Hasta *Revolver*, en 1966,

Abbey Road
Septiembre de 1969

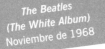
**The Beatles
(The White Album)**
Noviembre de 1968

Let It Be
Mayo de 1970

**Yellow
Submarine**
Enero de 1969

**Sgt. Pepper's Lonely
Hearts Club Band**
Junio de 1967

Lanzamientos solo en EE.UU.
Meet the Beatles! (1964)
The Beatles' Second Album (1964)
Something New (1964)
The Beatles' Story (1964)
Beatles '65 (1964)
The Early Beatles (1965)
Beatles VI (1965)
Yesterday and Today (1966)
Magical Mystery Tour (1967)
Hey Jude (1970)

«Dear Prudence»

Mia Farrow y su hermana Prudence acompañaron a los Beatles en su famoso retiro de meditación en la India en 1968. Prudence se dedicó a meditar durante semanas en su habitación y no salía cuando la llamaban, un detalle que inspiró la canción «Dear Prudence». Prudence Farrow ahora enseña Meditación Trascendental en Florida.

«Drive My Car»

La canción de apertura de *Rubber Soul*, «Drive My Car» fue escrita en su mayor parte por McCartney, aunque contiene algunas letras de Lennon. McCartney señaló que 'drive my car' ('conduce mi coche') era una expresión del argot del blues para referirse al sexo. También se ha sugerido que la canción se relaciona con Brian Epstein y su fichaje de Cilla Black junto a su novio Bobby Willis. Aparentemente, Black se opuso a la contratación de su novio, alegando que ella era la "estrella" y que a Willis le correspondía conducir su coche.

Disney World

Los Beatles llegaron oficialmente a su fin en Disney World. El 29 de diciembre de 1974 John Lennon firmó el contrato para la disolución de la banda, mientras se alojaba en el Polynesian Village Hotel de Disney World.

Bob Dylan

Los Beatles sentían una gran admiración por Dylan. En agosto de 1964 finalmente lo conocieron en persona en el Hotel Delmonico de Nueva York. Según la leyenda, durante ese encuentro los Beatles fumaron marihuana por primera vez; y Dylan llamó a la recepción gritando: «¡Esto es la Beatlemanía!» Cierto o no, el impacto de la reunión fue fundamental: los Beatles pasaron a escribir canciones basadas en sus experiencias personales y Dylan empezó a usar la guitarra eléctrica.

producían dos publicaciones por año, una hazaña que se replicó en 1969 con *Yellow Submarine* y *Abbey Road*. Esto es una prueba de la productividad fenomenal de los Beatles en un espacio de tiempo sorprendentemente corto. Desde el principio, los Beatles incorporaron tanto composiciones originales como versiones. *Please Please Me* incluía ocho canciones de Lennon-McCartney y *With the Beatles* contenía siete, así como la canción de George Harrison, «Don't Bother Me». Sin embargo, el tercer álbum, *A Hard Day's Night*, consistía solamente de composiciones de Lennon-McCartney, mientras que en *Beatles for Sale* volvieron a mezclar originales con versiones, a pesar de que las originales ya empezaban a eclipsar las versiones.

«The End»

El gran final de *Abbey Road* es la culminación de las ocho últimas pistas enlazadas que forman parte de la cara B del álbum. Las canciones enlazadas fueron el desarrollo de unas ideas ya exploradas en *Sgt. Pepper's* y significaron una auténtica revelación. La producción resultó asombrosa y el famoso arreglo de orquestación al final de la pista pasó a la historia. Lennon dijo de la letra: «Paul... tenía una frase, "And in the end, the love you take is equal to the love you make", una frase muy cósmica, filosófica... una prueba de que, si se lo propone, es capaz de pensar».

Elvis

Los Beatles conocieron al Rey del Rock en 1965. El jefe de prensa de los Beatles, Tony Barrow, recordó que en esta ocasión Lennon había metido la pata al preguntarle a Elvis: «¿Por qué ahora haces todas estas baladas suaves para el cine? ¿Qué ha pasado con el buen rock 'n' roll de los viejos tiempos?». Pero poco después alguien sacó unas guitarras y empezaron a improvisar. Después de ese encuentro, Elvis no dejó de ensalzar las virtudes de los Fab Four en público. Sin embargo, siempre se ha rumoreado que Elvis disparó a su televisor cuando los Beatles aparecieron en pantalla. No obstante, el portavoz de Graceland, Kevin Kern, dijo que en realidad era Robert Goulet el que aparecía en la pantalla.

«Eight Days a Week»

Este tema de *Beatles for Sale* llegó al número uno en los Estados Unidos. También es destacable por ser la primera vez en la música pop que al principio de la canción el volumen aumenta gradualmente. El título surgió de una conversación entre McCartney y un chófer. El Beatle le preguntó cómo había estado y él respondió: «Trabajando ocho días a la semana».

Epstein tendía a abusar del alcohol, las drogas y el juego. A menudo perdía grandes cantidades de dinero e incluso una vez, aparentemente, apostó un encendedor que costaba 100 libras y perdió. También se sabe que tomaba LSD y fumaba cannabis.

Epstein consiguió el primer contrato discográfico para los Beatles. La banda había sido rechazada por muchos sellos discográficos londinenses, pero George Martin, entonces director de EMI Parlophone, acabó contratándolos, a pesar de sus dudas. Le impresionó la fe inquebrantable de Epstein en la banda. Además, hay que decirlo, el hecho de que Epstein fuera propietario de una de las mayores tiendas de discos de Liverpool, NEMS, también influyó en la decisión. George Martin temía que Epstein dejara de abastecer su tienda con productos de EMI si se negaba a contratar a los Beatles.

Epstein vio por primera vez a los Beatles en la portada de la revista *Mersey Beat* y fue a verlos tocar en The Cavern Club durante una actuación a la hora del almuerzo en 1961. Más tarde diría: «Me quedé impresionado de inmediato por su música, su ritmo y su sentido del humor en el escenario; y luego cuando los conocí en persona me impactó su personalidad encantadora».

Brian Epstein inventó el saludo sincronizado de los Beatles al final de sus actuaciones, que luego fue imitado por una generación de bandas.

En un artículo publicado en *Rolling Stone* en 1970, Lennon comentó que la muerte de Epstein le pareció el comienzo de la futura disolución de los Beatles. Dijo: «Entonces supe que teníamos un problema... Pensé: "Se acabó"».

E de

BRIAN
EPSTEIN

Brian Epstein vio por primera vez a los Beatles en el Cavern Club de Liverpool en noviembre de 1961, y a partir de entonces fue a verlos actuar en cada concierto durante las tres semanas siguientes, hasta que finalmente se ofreció a representarlos el 3 de diciembre. En enero de 1962 la banda (con Pete Best en la batería) firmó un contrato de cinco años. Epstein se quedaba entre el 10 y el 15 por ciento de sus ingresos. En octubre renegociaron y le dieron a Epstein una parte de las ganancias que él generaba para la banda. Durante su período como mánager, cabe destacar que Brian Epstein se hizo cargo del despido de Pete Best, creó la compañía Northern Songs para publicar canciones compuestas por Lennon-McCartney, consiguió el primer contrato discográfico de los Beatles y organizó el último concierto de ellos en Candlestick Park. A lo largo de su vida y carrera, la homosexualidad de Epstein se mantuvo en secreto a pesar de ser ampliamente conocida dentro del círculo íntimo de los Beatles. A la edad de 32 años Epstein murió por sobredosis al mezclar barbitúricos con alcohol. Su muerte fue declarada como un accidente. Aunque la banda no asistió al funeral de Epstein por temor a que los medios de comunicación y sus fans pudieran convertirlo en un circo, sí acudieron a la ceremonia conmemorativa celebrada en la New London Synagogue. Cuando en 1965 los Beatles fueron nombrados miembros de la Orden del Imperio Británico (en inglés Member of the Most Excellent Order of the British Empire, siglas MBE), se pasó por alto a Brian Epstein por no ser miembro de la banda. George Harrison más tarde comentaría que MBE equivalía a 'Mister Brian Epstein'. Sin embargo, sí fue incluido en la sección de 'no artistas' del Salón de la Fama del Rock and Roll en 2014.

B de FAMOSOS QUINTO BEATLE

Los Beatles eran cuatro jóvenes con gran talento, los 'Fab Four'. De hecho, formaban una unidad tan estrecha y cerrada que prácticamente resultaba imposible introducirse en su círculo, incluso socialmente. Sin embargo, por muy 'Fab Four' que fueran tampoco podían hacerlo todo ellos solos. A lo largo de su carrera, contaron con la colaboración de muchos músicos talentosos, agentes extraordinarios, productores, mánager, ingenieros, socios y personal. Muchos se autoproclamaron 'el quinto Beatle', algunos fueron denominados de esta manera por la prensa, otros fueron incluidos simbólicamente en la lista por fans, comentaristas o escritores de música. Cabe destacar que los propios Beatles se refirieron a solo cuatro personas con el nombre 'el quinto Beatle'. Después de la muerte de George Martin, Paul McCartney escribió en su blog lo siguiente: «si alguien se ganó el título de quinto Beatle ese fue George». Por lo visto, George Harrison nombró a dos personas como merecedoras del título de 'quinto Beatle': el director de relaciones públicas Derek Taylor y Neil Aspinall, el *road manager* de los Beatles (que más tarde se convertiría en CEO de Apple Corps). Otras personas que en algún momento se ganaron el prestigioso apodo fueron los ex miembros de la banda Pete Best y Stu Sutcliffe, así como Tony Sheridan, Billy Preston y Eric Clapton.

Pete Best, a menudo referido como 'el quinto Beatle', era el baterista de la banda cuando la formaban cinco integrantes. Estuvo presente en la época en la que firmaron sus primeros contratos discográficos. Sin embargo, Best fue despedido por Brian Epstein (a petición del resto de la banda, que sentía que no encajaba) y a partir de agosto de 1962 Ringo lo reemplazó.

Tony Sheridan se ganó el prestigioso título de 'quinto Beatle' porque recurrió a los Beatles como su banda de acompañamiento en Hamburgo y para la grabación de su LP *My Bonnie*, lo que convierte este álbum en la primera auténtica grabación de estudio de los Beatles como banda.

Stuart Sutcliffe era el bajista de los Beatles en su época en Hamburgo. Ha sido llamado a menudo 'el quinto Beatle', sobre todo por el hecho de que tocó el bajo para la banda cuando eran un grupo de cinco miembros. Aunque Sutcliffe había dejado la banda anteriormente, no fue hasta su muerte, en 1962, que los Beatles se convirtieron oficialmente en un cuarteto, con McCartney haciéndose cargo del bajo.

También se ha considerado a Eric Clapton como 'el quinto Beatle' por su trabajo de sesión en «While My Guitar Gently Weeps» y por reemplazar a Harrison cuando este dejó brevemente la banda en 1969.

también de

Fab Four

Tony Barrow, el encargado de prensa de los The Beatles entre 1962-68, inventó la denominación 'Fab Four' en uno de sus primeros comunicados de prensa. La banda llegó a odiar ese nombre tanto como la imagen de los *mop-tops*. No obstante, George Harrison más tarde recordaría esa fase con cariño en una canción que co-escribió con Jeff Lynne de ELO, «When We Was Fab», en la que también colaboró Ringo Starr.

«The Fool on the Hill»

Este clásico de los Beatles fue lanzado en 1967 y forma parte del EP y del álbum de *Magical Mystery Tour*. La canción se inspiraba en Maharishi Mahesh Yogi. McCartney explicó: «Creo que estaba escribiendo sobre alguien como Maharishi. Sus detractores lo llamaban tonto (*'fool'*). Por su risa no se le tomaba demasiado en serio...».

Fashion

Los Beatles influyeron en la moda con sus chaquetas de cuero, el peinado *mop-top*, el traje de estilo *mod* (completado con corbatas finas), las botas de los Beatles (con tacón cubano), los uniformes militares en colores llamativos, las barbas y el pelo largo, las gafas redondas y las túnicas de estilo indio con collares de cuentas.

«Free as a Bird»

Veinticinco años después de la ruptura de los Beatles, se le preguntó a Yoko Ono si tenía alguna canción inédita de John Lennon. Descubrió demos caseras de «Free as a Bird» y «Real Love» (originalmente titulada «Real Life»). Los Beatles supervivientes participaron en las canciones. En 1995 «Free as a Bird» llegó al número dos en las listas de éxitos del Reino Unido (el primer puesto lo ocupaba «Disco 2000» de Pulp). Fue la penúltima grabación de los Beatles que se lanzó. Ganó un premio Grammy y significó que los Beatles mantuvieron un éxito en la lista de las 40 mejores canciones del Reino Unido durante cuatro décadas consecutivas.

también de

«Get Back»

«Get Back», de Paul McCartney, fue lanzada como single en 1969 y se convirtió en la última pista de *Let It Be*. Llegó al número uno en el Reino Unido y en los Estados Unidos y fue el primer tema de los Beatles que se publicó en estéreo 'auténtico'. McCartney escribió la canción en respuesta al ascenso del político británico de derecha Enoch Powell y sus políticas anti-inmigración. «Get Back» es famosa por su videoclip, una improvisada actuación en vivo (la tocaron tres veces) en lo alto del edificio de Apple Corps en 1969.

«Glass Onion»

Aparece en la cara uno de *The Beatles (The White Album)*, «Glass Onion» es un tema con un toque de humor porque se burla de todas las teorías conspirativas que surgieron desde la época de *Sgt. Pepper's*, especialmente la leyenda urbana 'Paul está muerto'. Hace referencia a canciones anteriores como «Strawberry Fields Forever», «I am the Walrus» –the Walrus was Paul!, (¡la morsa era Paul!)–, «The Fool on the Hill», «Lady Madonna» y «Fixing a Hole». Lennon dijo: «Me estaba divirtiendo porque se habían dicho muchas tonterías sobre *Sgt. Pepper's*, como reproducirlo al revés y encontrar mensajes ocultos».

Guitarras

Dhani Harrison describe las guitarras de su padre George como «reliquias de familia». Entre ellas se encuentran la Rickenbacker 360, una Fender Telecaster de palosanto y una Gibson J-160E acústica. Harrison y Lennon tenían Stratocasters Sonic Blue a juego, inspirados por Buddy Holly. Lennon usó una Rickenbacker 325 Capri al principio y más tarde se decantó por la Epiphone Casino. No se puede concebir la primera época de McCartney sin imaginarse ese bajo-violín Höfner 500/1. El mismo Adolf Rickenbacker proporcionó a Paul un bajo para zurdos 400/1S. *Rolling Stone* situó a Harrison en el puesto número 11 de su lista de los 100 mejores guitarristas. (Lennon estaba en el puesto 55.)

Harrison creó la productora cinematográfica HandMade Films en 1978 junto con Denis O'Brien. Se reconoce a la compañía por haber contribuido a la industria cinematográfica británica a superar una mala racha en los años ochenta, puesto que HandMade Films lanzó varios clásicos del cine, como *La vida de Brian* de Monty Python, así como *El largo viernes santo*, *Los héroes del tiempo*, *Mona Lisa* y *Withnail y yo*.

David Crosby introdujo a Harrison en la música de Ravi Shankar en 1965, lo que derivó en su obsesión con el sitar. Harrison finalmente conoció a Shankar y se convirtió en su devoto estudiante durante un tiempo.

Harrison y su segunda esposa, Olivia, sufrieron un ataque en su casa perpetrado por Michael Abram en diciembre de 1999. Harrison recibió 40 puñaladas hasta que Olivia consiguió dejar inconsciente al agresor golpeándolo repetidamente con una lámpara y un atizador. Abram era un enfermo mental que sufría de esquizofrenia paranoide. Creía que Harrison era un extraterrestre y que los Beatles eran "brujos del infierno". Durante el ataque Harrison gritó «¡Hare Krishna!» una y otra vez. Logró sobrevivir, y tras el suceso dijo en tono de broma: «No era un ladrón, y desde luego tampoco estaba haciendo una audición para los Traveling Wilburys».

La primera esposa de George, Pattie Boyd, fue una de las modelos más conocidas de los años sesenta, y más tarde se convertiría en fotógrafa. Harrison dedicó la canción «Something» a Boyd, una declaración de amor que cualquier mujer atesoraría con cariño. El interés que Boyd tenía entonces en la Meditación Trascendental influyó en los Beatles y les impulsó a realizar su conocido viaje a la India. El amigo íntimo de Harrison, Eric Clapton, estaba encaprichado con Boyd (un sentimiento que inspiró su famosa canción «Layla» sobre un amor no correspondido). Después de que Harrison y Boyd se separaran, Pattie acabó casándose con Clapton.

G de

GEORGE

George Harrison nació el 25 de febrero de 1943, hijo de Harold y Louise Harrison, en el 12 de Arnold Grove, Liverpool. Tenía una hermana y dos hermanos. Entre sus primeras influencias musicales se encuentran artistas como George Formby (también una de las grandes influencias de Morrissey), Carl Perkins, Cab Calloway, Django Reinhardt, Hoagy Carmichael y el músico de skiffle Lonnie Donegan. Harrison comentaba que ya en la escuela sentía una gran obsesión por las guitarras. Por lo visto, se dedicaba a dibujarlas en la parte de atrás de sus libros de texto. Tanto Harrison como McCartney fueron al mismo instituto, el Liverpool Institute High School for Boys. Se conocieron en el autobús escolar y conectaron a través de su pasión por la música. Ya el primer LP de los Beatles, *Please Please Me*, incluye un par de temas cantados por Harrison: el clásico «Do You Want to Know a Secret» y la versión de la canción «Chains» compuesta originalmente por Gerry Goffin y Carole King. Empezó a escribir canciones ya en 1963 en el segundo LP de los Beatles, *With the Beatles*. Compuso «Don't Bother Me» y después escribió otras canciones memorables del repertorio de los Beatles entre las que se incluyen «Taxman», «While My Guitar Gently Weeps», «Here Comes the Sun» y «Something», así como la muy influyente «Within You Without You». Repartió su amor por la guitarra entre la Fender, la Rickenbacker y la Gibson, además de desarrollar un gran interés por el sitar. Harrison se convirtió en hindú y posteriormente en vegetariano a finales de los sesenta. Harrison murió de cáncer de pulmón en 2001. Su esposa Olivia dijo que sus últimas palabras fueron «Love one another» («Amaos los unos a los otros»).

HELTER SKELTER

H de **HELTER SKELTER**

«Helter Skelter» es la pista seis de la cara tres del doble LP de 1968 *The Beatles (The White Album)*. Esta canción ha alcanzado notoriedad histórica por varias razones. McCartney había leído una entrevista con Pete Townshend de The Who en la que este último describía la composición de una canción salvaje y estridente con mucho eco («I Can See for Miles»). McCartney, obsesionado por las acusaciones de ser un escritor de baladas o cancioncillas, se propuso darlo todo con esta canción. Se dedicó a componer una línea de guitarra agresiva, creando el sonido de guitarra más crudo que pudo, y se dejó llevar con una de sus mejores actuaciones vocales: un aullido enérgico, rasgado y primario. Un tema que contribuyó a dar forma a la futura evolución del rock and roll, el punk, el hard rock y el heavy metal. Los Beatles recordaron las sesiones de grabación como muy movidas y caóticas. Al final de la canción (después de la toma 18) se puede escuchar a Ringo gritando: «I've got blisters on my fingers!» («¡Tengo ampollas en los dedos!»). Se grabó una versión más lenta y suave de la canción, con una duración de más de 27 minutos, y también se grabó una versión de 12 minutos, que luego se redujo a 4:37 minutos para el álbum recopilatorio *Anthology 3*. La versión final se caracteriza por ofrecer otro detalle de gran influencia: a partir del minuto 3:30 la canción se desvanece por completo, luego el sonido se intensifica gradualmente, y vuelve a desvanecerse y a intensificarse antes del famoso grito de Ringo, una técnica que ha sido emulada por muchas bandas desde entonces. Ringo Starr dijo después que «"Helter Skelter" era un tema que hicimos en plena locura e histeria en el estudio. A veces solo tenías que dejarte llevar e improvisar». El tema no contiene referencias apocalípticas ni mensajes ocultos, sin embargo, Charles Manson, el líder sectario y asesino estadounidense, lo interpretó a su manera y utilizó «Helter Skelter» como denominación de su "guerra apocalíptica".

Para la canción, McCartney utilizó como metáfora el helter skelter, un tobogán típico de los parques de atracciones británicos que desciende en espiral alrededor de una torre. McCartney relacionó la canción con el ascenso y la caída del Imperio Romano. Sin embargo, también podría hacer referencia al ciclo vicioso de altibajos que genera la adicción a las drogas.

A lo largo de los años se han hecho muchas versiones de «Helter Skelter». Artistas como Siouxsie and the Banshees, Oasis y Stereophonics han rendido homenaje a la canción. Aunque tal vez la versión más conocida sea la de U2, el primer tema de su álbum en vivo *Rattle and Hum*. Al principio de la canción se oye a Bono diciendo: «This is a song Charles Manson stole from the Beatles, well we're stealin' it back» («Esta es una canción que Charles Manson le robó a los Beatles, pues ahora nosotros se la robamos a él»).

Para Charles Manson, la canción «Helter Skelter» describe el apocalipsis que desciende del cielo. Manson afirmaba que en el tema «Revolution 9» podía oír a los Beatles susurrando: «Charlie, Charlie mándanos un telegrama». El 8 de agosto de 1969, antes de la primera serie de asesinatos, se sabe que Manson dijo a sus seguidores: «Ahora es el momento de Helter Skelter».

Rob Zombie y Marilyn Manson grabaron juntos una versión de la canción justo antes de su gira conjunta de 2018. «Pensé, obviamente tiene que ser "Helter Skelter"» contaba Zombie a *Rolling Stone* sobre la elección de un tema para interpretar juntos.

también de

«A Hard Day's Night»

«A Hard Day's Night» es un clásico single de los Beatles, su tercer LP y el nombre de su primera película. El álbum y el sencillo llegaron al número uno en el Reino Unido, Estados Unidos, Alemania y Australia. El título se debe a Ringo, que era conocido por sus malapropismos (o 'Ringoísmos'). La película fue un gran éxito y sigue siendo muy popular hoy en día.

Help!

Help! es el quinto LP de estudio de los Beatles, publicado en 1965. La canción que da nombre al álbum es uno los éxitos eternos del grupo. Tanto el álbum como el single llegaron al número uno en el Reino Unido, Estados Unidos y Australia. El álbum también incluye «You've Got to Hide Your Love Away», «Ticket to Ride» y «Yesterday». *Help!* también es el título de la segunda película de los Beatles, estrenada el mismo año. La influencia de este largometraje ha perdurado en el tiempo, especialmente ha servido como modelo de muchos vídeos musicales.

«Here Comes the Sun»

Uno de los dos clásicos de George Harrison del álbum *Abbey Road* (el otro es «Something»), «Here Comes the Sun» es seguramente una de las canciones más optimistas de los Beatles. Es la primera canción de la cara B y establece la tónica conceptual de la segunda parte del LP llena de sol y armonía. En particular, la canción destaca porque es un ejemplo de las primeras veces que se empleó un sintetizador Moog.

«I Am the Walrus»

Uno de los mejores temas de los Beatles fue la cara B del sencillo «Hello Goodbye», también incluido en la banda sonora de *Magical Mystery Tour*. Este tema ocupó el número uno y el número dos de forma simultánea, y fue lanzado como single y en formato de doble EP, una hazaña única en la historia de las listas de éxitos de singles británicos. La morsa ('*walrus*') en la canción podría ser una referencia al poema de Lewis Carroll «The Walrus and the Carpenter» («La morsa y el carpintero»). Otras referencias ocultas y letras sin sentido surgieron de la imaginación de Lennon y de los sucesos que ocurrían a su alrededor. Se dice que 'Semolina pilchard' se refiere al sargento Pilcher de la brigada antidroga (el archienemigo de los Beatles en aquella época). Según el biógrafo oficial Hunter Davies, parece que Lennon dijo con respecto a la letra: «Que lo resuelvan los cabrones».

«I Want to Hold Your Hand»

Escrita por Lennon-McCartney en 1963, esta inolvidable canción de los Beatles se hubiera convertido fácilmente en número uno (solo los pedidos anticipados superaban el millón de copias), pero quedó desbancada por «She Loves You», que alcanzó el primer puesto. Al final se hizo con el primer puesto y permaneció allí durante cinco semanas. «I Want to Hold Your Hand» fue la primera canción de los Beatles en alcanzar el número uno en los Estados Unidos. Lennon describió así el momento en que estaban escribiendo la canción: «Paul toca este acorde y me vuelvo hacia él y le digo: "¡Eso es! Hazlo de nuevo"».

«Imagine»

El single más vendido de Lennon, y posiblemente el más famoso, es también el título de su álbum post-Beatles de 1971 producido por Phil Spector. Antes de su muerte, Lennon dijo que Yoko Ono debía recibir un crédito de co-escritura por la canción. «Imagine» se encuentra en el tercer puesto en la lista de las '500 mejores canciones de todos los tiempos' según *Rolling Stone*.

George Harrison era el más entusiasta de todos los Beatles en la Meditación Trascendental. Lennon señaló: «Al ritmo que va George, estará volando sobre una alfombra mágica cuando llegue a los cuarenta años».

Mientras estaban en el ashram, a los Beatles se les propuso una versión cinematográfica de *El Señor de los Anillos*. Entre los posibles directores se encontraban Kubrick, Antonioni y David Lean. Peter Jackson, el director de la trilogía cinematrográfica que finalmente se estrenó a partir del 2001, contó que McCartney había confirmado esta historia, diciendo que Paul iba a interpretar a Frodo; John iba a interpretar a Gollum; George iba a interpretar a Gandalf y Ringo estaba previsto para interpretar a Sam.

El peregrinaje de los Beatles en la India llamó la atención del mundo sobre la práctica de la Meditación Trascendental e hizo muy famoso al Maharishi. Sin embargo, Mia Farrow, entre lágrimas, acusó al Maharishi de un comportamiento inapropiado. Los Beatles ya tuvieron la sensación de que su "gurú" se estaba beneficiando de su fama y estaba tratando de hacer dinero. Al final, todo el asunto terminó con un sabor amargo que manchó la reputación del Maharishi para siempre. No obstante, más tarde Harrison declararía que las sospechas del grupo sobre el comportamiento del Maharishi eran infundadas. Él y Lennon se disculparon por la forma en que lo habían tratado.

Durante su estancia en la India, el cantante Donovan le enseñó a John Lennon el *finger-picking*, una técnica de tocar la guitarra, que luego Lennon transmitió a Harrison. El estilo se utilizó en los temas «Dear Prudence» y «Julia».

I de INDIA

En febrero de 1968 los Beatles se embarcaron en una peregrinación a la India. Motivados por un seminario sobre Meditación Trascendental impartido por Maharishi Mahesh Yogi en la ciudad galesa de Bangor en 1967, la banda viajó a Rishikesh, en el norte de la India, para participar en un retiro en el ashram de Maharishi. En compañía de sus respectivas esposas, novias y asistentes, así como de la prensa, y al tiempo que compartían espacio con Mia Farrow, Donovan y Mike Love de los Beach Boys, los Beatles (presuntamente) dejaron las drogas y se comprometieron con la espiritualidad. La banda mostró diferentes niveles de interés y aplicación a las sesiones de MT. Aunque Lennon estaba con su esposa Cynthia en el viaje, se volvió cada vez más distante y enviaba postales diarias a Yoko Ono, con quien había empezado a pasar tiempo antes del viaje. La importancia de esos pocos meses fue enorme.

La banda experimentó uno de sus períodos más creativos de composición. Se estima que crearon más de 30 canciones durante su estancia. Escribieron casi todas las canciones de *The Beatles (The White Album)* y un par de canciones que aparecieron en *Abbey Road* e incluso en álbumes en solitario posteriores. Sin embargo, lo más significativo es que la breve estancia puso de manifiesto las fracturas dentro del grupo, lo cual llevaría a la ruptura de la banda un año más tarde. El ashram es ahora un destino turístico, conocido como 'The Beatles Ashram'.

J

de JOHN

John Winston (Ono) Lennon nació el 9 de octubre de 1940 en Liverpool, hijo de Alfred y Julia Lennon. Debido a que su padre se encontraba en el mar y su madre no era capaz de hacer frente a la situación sola, Lennon se fue a vivir con Mimi, la hermana mayor de su madre, y su marido George en 'Mendips', una casa ubicada en el 251 de la Avenida Menlove. Como sus tíos no tuvieron hijos, Lennon no tenía hermanos que vivieran con él, aunque estaba rodeado de tías, tíos y primos. Tiempo después diría que a pesar de que no vivía con su madre, ella lo visitaba regularmente. Más tarde, Lennon contaría que fue criado por «cinco mujeres que eran mi familia. Cinco mujeres fuertes, inteligentes y hermosas, cinco hermanas». Lennon era un ávido apasionado del skiffle y en 1956 formó su primera banda, los Quarrymen, cuyos miembros principales se convertirían en los Beatles cuatro años más tarde. Lennon, como él mismo llegó a reconocer, era un rebelde y continuó siendo una figura controvertida durante toda su vida. Dada su personalidad cáustica e insurgente se vio envuelto en problemas en repetidas ocasiones ya en la escuela y más adelante también en la vida pública, en particular por sus opiniones sobre la guerra de Vietnam mientras vivía en los EE.UU. Junto con Paul McCartney llegó a formar parte del mejor dúo de compositores de todos los tiempos. Su carrera con los Beatles y sus posteriores trabajos en solitario se encuentran entre los grandes éxitos de la música pop. El 8 de diciembre de 1980, Lennon fue asesinado a tiros a manos de Mark David Chapman en Nueva York. Solo tenía 40 años.

WAR IS OVER

YES TO PEACE

El asesino Mark Chapman disparó a Lennon cinco veces. Lennon era su ídolo, pero el comentario improvisado de este de que los Beatles eran «más populares que Jesús» había ofendido su sensibilidad religiosa. Chapman permaneció en la escena del crimen leyendo The Catcher in the Rye (El guardián entre el centeno) de JD Salinger, una novela con la que estaba obsesionado. Se confesó culpable del delito y fue condenado a 20 años, a pesar de que su equipo de defensa intentó declararlo enfermo mental.

J.D SALINGER
THE CATCHER IN THE RYE

Lennon tuvo dos hijos: Julian, con su primera esposa, Cynthia, y Sean, con su segunda esposa, Yoko Ono. Ambos hijos son músicos. Julian ha sido franco con respecto a la hipocresía y la desatención de su padre, diciendo: «Papá era capaz de hablar al mundo de paz y amor, pero nunca pudo mostrárselo a las personas que supuestamente significaban más para él: su esposa y su hijo». Sean (nacido en 1975) tuvo una experiencia muy diferente con su padre, hasta su muerte en 1980, Lennon fue un padre a tiempo completo para Sean.

Un legado que aún perdura de John Lennon es su movimiento por la paz, una declaración en parte política y en parte artística que hizo junto con su segunda esposa, Yoko Ono. Los 'bed-ins' ('encamadas') fueron unos acontecimientos históricos. Se hicieron fotografías de Ono y Lennon en la cama, sobre todo en pijama sosteniendo flores, pero también haciendo el amor, cantando, conversando, creando y escribiendo.

J

Julian Lennon
Julian nació en 1963 cuando Lennon tenía 23 años y la carrera de la banda estaba en pleno despegue. Inspiró las canciones «Lucy in the Sky with Diamonds», «Hey Jude» y «Goodnight». En 1991 Julian triunfó con «Saltwater», una canción sobre la paz mundial y la pobreza, que alcanzó el número uno en Australia y el número seis en el Reino Unido.

Jelly Babies
En 1962, a los fans de los Beatles les dio por lanzar a la banda Jelly Babies, unas golosinas inglesas que por lo visto a George Harrison le gustaban. Después de recibir un golpe en el ojo con una de las golosinas, Harrison rogó a los fans que dejaran de tirarles Jelly Babies.

Jagger–Richards
Sin duda, Lennon-McCartney y Jagger-Richards son dos de los dúos de compositores más poderosos de todos los tiempos. Mientras que Mick Jagger era realmente el único vocalista de los Stones, todos los Fab Four podían cantar. Al parecer, Richards le dijo a McCartney que los Stones sentían celos al respecto. Sin embargo, Jagger no envidiaba tanto a los Beatles cuando los fans histéricos los perseguían en su gira por los Estados Unidos. Jagger fue uno de los cantantes de «All You Need Is Love»; y también presentó a los Beatles en el Salón de la Fama del Rock and Roll en 1988.

K

también de

«Komm Gib Mir Deine Hand»/ «Sie Liebt Dich»
En febrero de 1964 los Beatles lanzaron un single en Alemania con versiones en alemán de «I Want to Hold Your Hand» y «She Loves You». «Komm Gib Mir Deine Hand» en realidad se traduce como «Dame tu mano». La canción «Sie Liebt Dich» también fue lanzada en los Estados Unidos, donde llegó al número 97 de las listas de éxitos.

Kids (hijos biológicos)
John tuvo dos hijos: Julian y Sean (ambos músicos); George tuvo un hijo: Dhani (también músico); Ringo tiene tres hijos: Zak y Jason, que han dedicado su vida a la batería, y Lee, que trabaja en moda; Paul tiene cuatro hijos: Mary (fotógrafa y autora de libros de cocina), Stella (diseñadora de moda de gran éxito), James (otro músico), y Beatrice, la más joven de todos los hijos de los Beatles.

Knighthoods and honours (títulos de Sir y honores)
A pesar de que los cuatro miembros de los Beatles recibieron un MBE (en 1965), solo dos de ellos poseen títulos de Sir. A Paul McCartney le otorgaron este título en 1997 y a Ringo Starr en 2018. Cuando los Beatles fueron galardonados con sus MBE, varios otros dignatarios devolvieron indignados sus distinciones.

KAISERKELLER
FESTIVAL DER ROCK N ROLL FANS
OCTOBER - NOVEMBER-DEZEMBER
PRÄSENTIERT
BRUNO KOSCHMIDER
ORIGINAL
Rock n Roll
BANDS
Rory Storm
AND HIS
HVRICAN
UND
The Beatles
ENGLAND - LIVERPOOL

La artista y fotógrafa Astrid Kirchherr conoció a los Beatles en el Kaiserkeller a través de Klaus Voorman, su novio de entonces. Kirchherr sacó las primeras fotografías profesionales de los Beatles y acabó comprometiéndose con Stuart Sutcliffe.

En el Kaiserkeller, la banda tocaba después de otro grupo de Liverpool, Rory Storm and the Hurricanes, con Ringo Starr en la batería. Las bandas tocaban hasta cinco sets de 90 minutos cada noche (a veces incluso seis). Se dice que tuvieron que recurrir a los estimulantes para aguantar estas actuaciones maratonianas.

John Lennon desapareció una noche justo antes de tener que salir al escenario. El cofundador del Star Club de Hamburgo, Horst Fascher, fue en su búsqueda y lo encontró en un baño "en plena acción" con una mujer. Puso fin a la diversión con un cubo de agua fría. Le dijo a Lennon: «Me importa una mierda, vas a subir al escenario, aunque lo hagas desnudo». Lennon siguió la orden de manera literal y salió al escenario en calzoncillos con un asiento de inodoro colocado alrededor del cuello.

K de BRUNO KOSCHMIDER

En agosto de 1960, unos Beatles jovencísimos (incluidos Stuart Sutcliffe en el bajo y Pete Best en la batería) llegaron a Alemania para tocar 48 noches en el club Indra. Los bolos los había organizado Allan Williams, su mánager en aquel momento. Este contrataba a bandas británicas para que tocaran en los locales del empresario Bruno Koschmider en Hamburgo. Indra cerró a principios de octubre de aquel año debido a las quejas por ruido, por lo que Koschmider trasladó la banda al más prestigioso Kaiserkeller. Los músicos se alojaron en habitaciones estrechas y sucias detrás de la pantalla del sórdido cine Bambi Kino (también propiedad de Koschmider). En la *Antología de los Beatles* Harrison describe a Koschmider de la siguiente manera: «Bruno no era un joven empresario de rock'n'roll, era un viejo que había quedado lisiado en la guerra. Tenía una cojera y no parecía saber mucho de música ni nada de eso. Solo lo veíamos una vez por semana, cuando intentábamos entrar en su oficina para cobrar nuestro sueldo». Se estima que los Fab Four pasaron alrededor de 1500 horas en el escenario durante su estancia en Hamburgo. La banda consideró aquella etapa como un intenso aprendizaje del rock and roll. Son conocidas estas palabras de Lennon: «Puede que haya nacido en Liverpool, pero crecí en Hamburgo». Los Beatles finalmente se trasladaron al club Top Ten de Peter Eckhorn. Algunos piensan que fue Koschmider quien informó a las autoridades acerca de que Harrison solo tenía 17 años y que por lo tanto no podía trabajar. Esta denuncia resultó vital en la deportación del Beatle. Unas semanas más tarde, Pete Best y Paul McCartney fueron al Bambi Kino a recoger sus cosas y, mientras estaban allí, prendieron fuego a algo. Koschmider estaba convencido de que el fuego había sido intencionado para quemar el cine. Así que los denunció y tuvieron que ir a la cárcel por intento de incendio y más tarde fueron deportados a su país.

L de LENNON-McCARTNEY

John Lennon y Paul McCartney se convirtieron en el dúo de compositores de música pop más conocido. Empezaron a componer canciones prácticamente tan pronto se conocieron en 1957. McCartney estaba impresionado con la banda de John, los Quarrymen, y cuando le propusieron formar parte del grupo, aceptó entusiasmado. Lennon y McCartney compartían una gran admiración por los Everly Brothers, Chuck Berry, Elvis, Buddy Holly, Little Richard y Smokey Robinson. Mientras ensayaban las canciones de sus ídolos, empezaron a escribir poco a poco su propio material. La colaboración entre ambos era excepcional, especialmente al principio. La diferencia entre ellos y otros dúos de compositores era que en su caso ambos contribuían tanto a las letras como a la composición de la música. En la mayoría de los dúos (incluso Jagger-Richards) uno suele escribir las letras y el otro la música. Formaron un equipo altamente compenetrado. Lennon describió su primera etapa de composición como trabajar «codo con codo». Sin embargo, muchas veces escribían las canciones por separado para luego perfeccionarlas juntos. Si uno de ellos escribía una canción, ambos autores constaban en los créditos, lo cual era muy inusual. Este acuerdo se mantuvo hasta la separación de los Beatles, e incluso después en un par de casos en discos en solitario. Más tarde Lennon diría que McCartney: «aportaba ligereza y optimismo, mientras que yo siempre me decantaba por la tristeza, las discordias, las notas de blues». Entre los dos lograron componer más de 180 de canciones.

El *bootleg A Toot and a Snore* incluye una sesión entre Lennon y McCartney en 1974 cuando McCartney se presentó por sopresa en el estudio mientras Lennon estaba produciendo el LP *Pussy Cats* de Harry Nilsson. El origen del título del *bootleg* proviene de un comentario de Lennon que se oye de fondo en el disco: «You wanna snort, Steve? [Stevie Wonder] A toot? It's goin' round.» («¿Quieres esnifar, Steve? [Stevie Wonder] ¿Un toque? Está circulando»). Lennon toca la guitarra y McCartney canta alguna melodía.

Ellie Greenwich, una de las compositoras del famoso Brill Building, la fábrica de éxitos de los Estados Unidos en los años sesenta, comentó: «Cuando llegaron los Beatles y toda la Invasión Británica, todos estábamos por decir, "Mira, ha sido genial, pero ya no pintamos nada... Ahora los grupos ya no nos necesitan... ¿Qué podemos hacer?"».

Lennon-McCartney escribieron canciones para otras bandas y cantantes, como por ejemplo, «I Wanna Be Your Man» de los Rolling Stones y «Love of the Loved» de Cilla Black en 1963, «A World Without Love» de Peter and Gordon en 1964, y «Goodbye» de Mary Hopkin en 1969.

Un ejemplo clásico de los distintos estilos de Lennon y McCartney se puede escuchar en «A Day in the Life». La melancólica estructura de los versos de Lennon se compensa con el alegre estribillo de Paul que aparece en medio de la canción, las dos partes se fusionan armoniosamente.

Liverpool

La ciudad británica de Liverpool es un importante puerto comercial. Los Beatles conocieron el nuevo sonido del rock and roll a través de los discos americanos que llegaban con los barcos. En 2016 se estimó que los Beatles seguían aportando 82 millones de libras esterlinas al año a la economía de Liverpool. Las casas donde se criaron tanto McCartney como Lennon están declaradas por el National Trust como lugares de interés histórico. En una entrevista de *Playboy* en 1984, McCartney afirmó: «No he conocido nunca a nadie la mitad de amable que algunas de las personas que conozco de Liverpool... gente que puede simplemente solucionar cualquier problema con facilidad... son sal de la tierra».

Let It Be

El duodécimo y último álbum de los Beatles fue lanzado el 8 de mayo de 1970, un mes después de que la banda se separara. Llegó al número uno en el Reino Unido y Estados Unidos, así como en muchos otros países. Además de la canción principal incluía éxitos como «Get Back» y «The Long and Winding Road». La mayor parte del álbum se escribió y grabó antes de *Abbey Road*, y se tituló provisionalmente *Get Back*. Sin embargo, inicialmente el proyecto se archivó dado el ambiente de descontento dentro de la banda y su desacuerdo con respecto a varias mezclas que se hicieron del álbum. Para el lanzamiento definitivo, intervino Phil Spector remezclando algunos de los temas. Las críticas de *Let It Be* fueron las menos favorables de todos los álbumes de los Beatles.

Little Richard

El extravagante cantante Little Richard fue una gran influencia para los Beatles en sus inicios, en particular para McCartney, que lo imitaba ya en la escuela. Su estilo vocal de los primeros años y su particular movimiento de la cabeza parecen una copia directa. A lo largo de su carrera, los Beatles (y los Quarrymen) versionaron varias canciones de Little Richard.

también de

Magical Mystery Tour

Una película, una canción, un doble EP en el Reino Unido y un álbum en los EE.UU. y Australia, *Magical Mystery Tour* es un proyecto caprichoso e imaginativo, improvisado y vagamente unido por seis canciones. La película fue un fracaso rotundo, pero la banda sonora llegó al número dos de las listas de éxitos del Reino Unido. Fue lanzado como un LP en los Estados Unidos, con temas adicionales reunidos a partir de singles inéditos de los Beatles en 1967. Llegó al número uno de la lista de éxitos de Billboard y más tarde fue nominado para un premio Grammy. El álbum es una de las mejores colecciones de canciones de la carrera de la banda con temas como «I Am the Walrus», «Strawberry Fields Forever», «Penny Lane», «Hello Goodbye», «All You Need Is Love» y el tema que da título al disco.

«Michelle»

«Michelle» es una canción del álbum *Rubber Soul* escrita por McCartney. La compuso reelaborando otra canción anterior que había escrito para burlarse de algunos estudiantes franceses y le añadió el puente 'I Love You' sugerido por Lennon.

Mop-top

El famoso corte de pelo de los Beatles, inspirado en los bohemios europeos de la época, recibió su nombre por su parecido a una mopa. También se conocía este estilo como 'Arthur', puesto que George se refirió con ese nombre a su corte de pelo al responder la pregunta de un periodista.

Martin produjo dos de los temas más conocidos de las películas de James Bond: El icónico «Goldfinger» de Shirley Bassey en 1964 y «Live and Let Die» de Paul McCartney & Wings en 1973.

La profesora de oboe de George Martin se llamaba Margaret Eliot. La hijastra de ella, Jane Asher, se convertiría más tarde en la novia de Paul McCartney desde 1963 a 1968.

Martin no era precisamente fan de las primeras composiciones del grupo ni tampoco del estilo de Pete Best; y durante una de sus conversaciones al respecto, Martin les preguntó a los chicos si había algo que a ellos mismos no les gustara. Harrison bromeó: «Bueno, está tu corbata para empezar», y los otros Beatles se lanzaron a seguir con la broma.

Martin produjo el sencillo «Please Please Me» a petición de los Beatles. Al principio la canción sonaba como una balada, pero Martin les pidió que aceleraran el ritmo. Terminada la grabación, Martin les dijo: «Señores, acaban de grabar su primer éxito». (El sencillo llegó al número uno en algunas listas.)

Martin se decantaba por el micrófono Telefunken Elektroakustik U48 y el micrófono Coles 4038 Studio Ribbon, el compresor Chandler RS124 y el preamplificador REDD.47.

M de GEORGE MARTIN

George Henry Martin nació el 3 de enero de 1926 en Highbury, Londres. Estudió piano y oboe en la Guildhall School of Music y albergaba la ambición de convertirse en compositor. Trabajó para el departamento de música clásica de la BBC antes de unirse a EMI Records y asumir la dirección del sello discográfico Parlophone. Produjo comedias para Spike Milligan, Peter Sellers y los Goons, así como lanzamientos de clásicos y música regional. Decca ya había rechazado a los Beatles cuando Brian Epstein los presentó a Martin, que en principio se mostró escéptico. Como respuesta al entusiasmo de Epstein, Martin aceptó reunirse con la banda después de escuchar una cinta. A pesar de que le gustaron las voces de Lennon y McCartney, pensó que la banda no era muy prometedora. Finalmente, negociaron y firmaron un contrato. Desde ese momento, Martin estuvo involucrado en la producción de sus álbumes en el Reino Unido. Las técnicas innovadoras de estudio de Martin incluyen: la reproducción inversa y el cambio de tono en los *loops* de cinta, la panoramización y otras manipulaciones del estéreo, la recreación de sonidos atmosféricos, la inclusión de sonidos de guitarra crudos y punzantes (los primeros sonidos del punk), los paisajes sonoros experimentales, la utilización de recortes de cinta y el método de reducción de pistas, una forma de grabación multipista para solventar el problema de la limitada capacidad de las máquinas de grabación en aquel entonces. Martin compuso e hizo los arreglos para el lado B de *Yellow Submarine*. Sus arreglos dieron el toque especial a temas como «Eleanor Rigby» y la muy influyente fusión de orquesta al final de «A Day in the Life». También experimentó con arreglos de cuerdas e instrumentos de viento metal en «I Am the Walrus» y «Strawberry Fields Forever». Sus ideas, por grandes o pequeñas que fueran, y sus habilidades como productor e ingeniero fueron decisivas para el desarrollo del sonido de los Beatles.

N de NÚMEROS UNO

A lo largo de la carrera de los Beatles, 17 de sus singles alcanzaron el puesto número uno en el Reino Unido, esta cifra aumenta a 27 si incluimos las listas de Estados Unidos. En algunos casos los lanzamientos fueron dobles caras A, como el caso de «Day Tripper»/«We Can Work it Out» en el que ambas canciones llegaron al número uno. Según algunas fuentes, «Please Please Me» es el primer sencillo que llegó al número uno en enero de 1963. Sin embargo, solo alcanzó el número dos en el Record Retailer. Esta lista se convirtió más tarde en estándar como la lista oficial de singles del Reino Unido. Por este motivo, oficialmente «From Me to You» consta como el primer single número uno de los Beatles en el Reino Unido, puesto que esta canción alcanzó el 24 de abril de 1963. Por lo tanto, los sencillos de los Beatles que alcanzaron la máxima posición en el Reino Unido fueron: «From Me to You» (abril de 1963), «She Loves You» (septiembre de 1963), «I Want to Hold Your Hand» (diciembre de 1963), «Can't Buy Me Love» (enero de 1964), «A Hard Day's Night» (julio de 1964), «I Feel Fine» (septiembre de 1964), «Ticket to Ride» (abril de 1965), «Help!» (agosto de 1965), «Day Tripper»/«We Can Work it Out» (diciembre de 1965), «Paperback Writer» (junio de 1966), «Yellow Submarine»/«Eleanor Rigby» (agosto de 1966), «All You Need Is Love» (julio de 1967), «Hello Goodbye» (diciembre de 1967), «Lady Madonna» (marzo de 1968), «Hey Jude» (septiembre de 1968), «Get Back» (abril de 1969) y «The Ballad of John and Yoko» (junio de 1969). Durante la carrera de los Beatles, sus canciones se mantuvieron en el número uno de las listas de éxitos del Reino Unido un total de 69 semanas. En el año 2000 se publicó el álbum *1 (One)*, una recopilación de los 27 números uno de los Beatles en el Reino Unido y Estados Unidos. Haciendo honor al título del álbum, la compilación alcanzó el número uno de las listas de éxitos en más de 20 países.

«Hello Goodbye» es una canción escrita por McCartney (un géminis) sobre los opuestos en el Universo. Por lo visto, surgió en una sesión de composición con el ayudante Alistair Taylor: McCartney pronunciaba una palabra y Taylor respondía con el antónimo.

Hello, hello, hello

Goodbye

«Hey Jude», publicada en 1968, es una canción que escribió Paul para consolar a Julian Lennon cuando tenía solo cinco años (el título original era «Hey Jules»). Sin embargo, también trata sobre las relaciones que se estaban estableciendo entre John/Yoko y Paul/Linda. George Martin opinaba que la radio no iba a poner un single de siete minutos, pero Lennon dijo: «Si es nuestro, lo harán». Con nueve semanas en el número uno en las listas de Estados Unidos, «Hey Jude» es el single que permaneció por más tiempo en este puesto. La parte final de la canción con su pegajoso 'Na na na na' dura cuatro minutos y es mucho más larga que la parte principal de la canción.

«The Ballad of John y Yoko» es una canción escrita por Lennon que fue el último single número uno de los Beatles en el Reino Unido. Llegó a la máxima posición en mayo de 1969. Starr y Harrison no participaron en la grabación; McCartney se ocupó de la batería. Muchas emisoras de radio de los EE.UU. censuraron la canción porque en el coro se escuchan las palabras 'Christ' ('Cristo') y 'crucify' ('crucificar').

también de

Noises (sonidos)
Los Beatles eran conocidos por sus técnicas creativas y esto a menudo implicaba el uso de sonidos inusuales (de fondo, de percusión, ambientales o atmosféricos). Algunos de los mejores arreglos sonoros de los Beatles son: el sonido de orquesta reproducido al revés para el final de «The End», un sonido muy agudo oculto en «Sgt. Pepper's» que solo los perros (y las personas con oídos excepcionales) pueden oír, el *loop* de cinta reproducido al revés en «Revolution 9» y al final de «I Am the Walrus», el *feedback* y el zumbido del amplificador en «I Feel Fine», y el ambiente circense en «Being For the Benefit of Mr Kite».

«Norwegian Wood»
La canción «Norwegian Wood» del álbum *Rubber Soul* es posiblemente producto de la influencia del encuentro de los Beatles con Bob Dylan. El cantautor norteamericano inspiró a los Fab Four a plasmar sus experiencias personales en sus canciones. Además, el uso del sitar como instrumento principal marcó el inicio de la música psicodélica e influenció el sonido de otros artistas como Donovan. Se rumorea que la canción trata sobre la aventura de Lennon con Maureen Cleave o Sonny Freeman. McCartney explicó que «Norwegian Wood» ('*madera noruega*') se refiere al tipo de madera de pino barata que estaba de moda para adornar las paredes en las casas inglesas de los años sesenta.

NASA
El 4 de febrero de 2008 la NASA transmitió la canción «Across the Universe» al espacio exterior en dirección a la estrella Polaris, que se encuentra a 431 años luz de la Tierra. Paul McCartney envió un mensaje a la agencia espacial: «Transmitan mi amor a los extraterrestres. Con mis mejores deseos, Paul».

Otros nombres

Antes de que los Beatles fueran los Beatles, algunos de sus nombres eran los Blackjacks, los Quarrymen, Johnny and the Moondogs, los Beat Brothers, los Silver Beetles y los Beatals.

«Ob-La-Di, Ob-La-Da»

Esta alegre canción de *The Beatles (The White Album)* probablemente se considera a partes iguales tanto la más querida como la más odiada de los Beatles. Es un tema escrito por McCartney inspirado en la leyenda del reggae Desmond Dekker. A menudo se ha calificado esta canción como una de las peores de todos los tiempos. Sin embargo, alcanzó el puesto número uno en varios países y ha sido versionada por más de 30 artistas, entre los que se incluyen el grupo pop escocés Marmalade, que la llevó al número uno en el Reino Unido en 1968.

1 (One)

En noviembre de 2000 se publicaba esta compilación de sencillos de los Beatles que presenta todos sus éxitos números uno. Se vendieron 31 millones de copias y se convirtió en el cuarto disco más vendido de ese año, además del álbum más vendido en los Estados Unidos durante los años 2000-2009.

El retrato de Lennon desnudo junto a Ono, que apareció en la edición del 22 de enero de 1981 de *Rolling Stone*, es una fotografía de Annie Leibovitz. Fue tomada el 8 de diciembre de 1980, pocas horas antes de que Lennon fuera asesinado. La icónica imagen es una de las fotografías más famosas en el mundo. En 2005 la Sociedad Americana de Editores de Revistas la votó como la mejor portada de revista de los últimos 40 años.

Después de la muerte de Lennon, Ono nunca se volvió a casar. Se preocupó de mantener vivo el legado de John. Además, financió el monumento Strawberry Fields en el Central Park de Nueva York y la Imagine Peace Tower (Torre Imagina la Paz) en Islandia.

ROLLING STONE

John Lennon fue asesinado a tiros cuando él y Ono regresaban de una sesión de mezcla para la canción de Ono «Walking on Thin Ice». Yoko dedicó esta canción a John y la publicó tres semanas después de su muerte.

Tras la muerte de Lennon, Ono pidió dedicar 10 minutos de silencio en honor a la memoria de John. El evento reunió a decenas de miles de personas en Nueva York, Liverpool y otras ciudades del mundo. Algunas emisoras de radio interrumpieron temporalmente su programación para rendir homenaje al difunto John Lennon.

HAIR PEACE

BED PEACE

Ono y Lennon convirtieron su luna de miel en una acción de protesta por la implicación de Estados Unidos en la guerra de Vietnam. Querían promover la paz organizando *bed-ins* ('encamadas') en Ámsterdam y Montreal.

O de YOKO ONO

La artista Yoko Ono nació el 18 de febrero de 1933. Creció en Tokio y a los 18 años se mudó al norte del estado de Nueva York. A los 20 se trasladó a la ciudad de Nueva York y empezó a desarrollar su enfoque artístico y musical. Se sintió atraída por la escena artística neoyorquina, en particular por el grupo experimental Fluxus. Según la historia oficial, el primer encuentro entre Lennon y Ono ocurrió en 1966. Un escéptico Lennon visitó la exposición de Ono en la galería Indica de Mayfair, Londres. Una de las obras, *Painting to Hammer a Nail In* (Pintura para clavos y martillo), requería que el espectador clavara un clavo en una pequeña tabla de madera. Lennon quiso clavar el primer clavo, pero Ono lo detuvo alegando que la exposición aún no había comenzado. El propietario de la galería, John Dunbar, le preguntó a Ono: «¿Es que no sabes quién es este hombre? ¡Es un millonario! Puede que lo compre». Ono, que supuestamente no había oído hablar de los Beatles, le dijo que podía clavar el clavo si le daba cinco chelines. Lennon respondió: «Te daré cinco chelines imaginarios y clavaré un clavo imaginario». Se convirtieron oficialmente en pareja en 1968 y se casaron un año después. Entre 1973 y 1975 la pareja pasó por un período de separación, que terminó con su reconciliación. En 1980 lanzaron el álbum *Double Fantasy* con el que obtuvieron un gran éxito comercial. Tan solo tres semanas después Lennon murió asesinado. A pesar de que en repetidas ocasiones la prensa y algunos historiadores musicales culparon a Ono por la separación de los Beatles, los miembros de la banda siempre lo han negado. En una entrevista con Dick Cavett, Harrison explicó que ya existían tensiones dentro del grupo mucho antes de que Ono apareciera.

P de PAUL

James Paul McCartney es hijo de Mary y James McCartney y nació el 18 de junio de 1942. Tiene un hermano, Michael, y una hermanastra, Ruth. En 1957 conoció a John Lennon y acabó tocando la guitarra con los Quarrymen, la banda de skiffle de Lennon. A partir de ahí, junto con John Lennon llegó a formar un equipo que acabó convirtiéndose en uno de los dúos de compositores más famosos de la música contemporánea. Como miembro de los Beatles, como solista y con el grupo Wings, escribió algunas de las canciones más inolvidables de la historia del pop y el rock. Aunque al principio no era el bajista del grupo, McCartney ha cosechado elogios por su estilo melódico con el bajo. En 1961, cuando los Beatles regresaron a Inglaterra, se vio obligado a asumir el rol de bajista, ya que Stuart Sutcliffe decidió quedarse en Hamburgo. Como vocalista y compositor se situó muy por encima del estatus de bajista y se convirtió en parte esencial de la banda. Tocó la guitarra principal en varios temas, entre ellos destacan «Helter Skelter» y «Taxman»; y tocó la guitarra acústica en muchas canciones de los Beatles, como «Michelle», «Blackbird» y «Yesterday». Incluso se hizo cargo de la batería en algunos temas. Un tenor con un rango vocal de cinco octavas, la voz de McCartney es considerada una de las mejores de la historia de la música. Sorprende su facilidad de cambiar de estilo entre pop suave, soul blues o rock and roll estridente. Entre los artistas que lo han inspirado se encuentran James Jamerson, Stanley Clarke, James Brown, Wilson Pickett y Brian Wilson. McCartney escribió o co-escribió 22 temas que alcanzaron el número uno en el Reino Unido. Obtuvo el título de Sir por su aportación a la música y es uno de los artistas más ricos del mundo, con un patrimonio neto de más de mil millones de dólares.

también de

McCartney ha apoyado muchas causas durante su vida. Él y su esposa Linda eran vegetarianos y activistas acérrimos de los derechos de los animales. Mientras estaba casado con Heather Mills, participó en su campaña contra las minas terrestres y contribuyó a concienciar sobre los horrores de la caza internacional de focas y la crueldad de la caza de zorros. Entre sus grabaciones benéficas se encuentran Band Aid y Live Aid. Ha donado a muchos fondos de ayuda y organizaciones caritativas. En 2012 se unió a las iniciativas Artists Against Fracking y Save the Arctic.

Tras la separación de los Beatles, Paul quiso formar otra banda y en 1971 nació Wings. Le dijo a Linda: «No formemos un supergrupo, volvamos a lo básico». Wings produjo siete álbumes platino, comenzando con *Band on the Run*, que permaneció en las listas del Reino Unido durante 124 semanas entre 1973 y 1976 y ganó dos Grammys.

Paul tocaba muchas guitarras, aunque su imagen está estrechamente vinculada a su Höfner 500/1 para zurdos.

La hija de Paul y Linda, Stella McCartney, es una exitosa diseñadora de moda que viste a muchas celebridades de primera línea. Ella fue responsable de diseñar el vestido de la recepción de boda de Meghan Markle.

Parejas

Paul McCartney mantuvo una relación de seis años con la actriz Jane Asher desde 1963 a 1968. En 1969 se casó con Linda Eastman y permanecieron casados hasta su muerte por cáncer de mama en 1998. En 2002 se casó con la activista contra las minas terrestres Heather Mills, pero se separó de ella en 2006 y se divorció en 2008. En 2011 se casó con Nancy Shevell, la heredera de una compañía de transporte de Nueva York. John Lennon estuvo casado con Cynthia Powell desde 1962 a 1968, y luego se casó con Yoko Ono en 1969. Se separó de Ono en 1973 y tuvo un romance con su asistente personal May Pang. En 1975 se reconcilió con Ono. George Harrison estuvo casado con Pattie Boyd desde 1966 hasta 1977. Un año después se casó con Olivia Arias. Ringo Starr estuvo casado con Maureen Cox desde 1965 a 1975. Más tarde se casó con la actriz Barbara Bach, a quien conoció en el set de la película *Caveman (El cavernícola)*. Están casados desde 1981.

«Penny Lane»

«Penny Lane» es una canción escrita por Paul McCartney que fue lanzada como doble cara A junto con «Strawberry Fields Forever». Se incluyó en la versión estadounidense de *Magical Mystery Tour*. Del mismo modo como Lennon evoca memorias de su infancia en «Strawberry Fields Forever», Paul en «Penny Lane» rememora una calle de su infancia en Liverpool y los personajes que recuerda. Paul dijo que la canción «era un poco nostálgica, pero en realidad era un lugar que John y yo conocíamos; de hecho era una parada de autobús. Tomaba un autobús para ir a su casa y tenía que cambiarme en Penny Lane».

Quincy

El famoso productor musical Quincy Jones arremetió contra los Beatles en una entrevista en 2018. Dijo: «Eran los peores músicos del mundo... Eran unos cabrones que no sabían tocar. Y Paul el peor bajista que había escuchado jamás». Luego añadió: ¿Y Ringo? Ni me hables de él». Luego se puso a hablar de ello, explicando la vez que hizo los arreglos de la canción «Love Is a Many Splendoured Thing» incluida en el disco de Ringo *Sentimental Journey* (1970). Jones contó que «Ringo había dedicado tres horas para mejorar una parte de cuatro compases de la canción. Pero no lo conseguía». Dijeron a Ringo que se tomara un descanso y lograron que el baterista de jazz Ronnie Verrell tocara la batería para la grabación. Ringo sin saber lo que había ocurrido, cuando regresó, escuchó la toma y dijo: «Eso no suena tan mal». Jones respondió: «Sí, cabrón, porque no eres tú quien toca».

Queen Elizabeth II

Los Beatles tuvieron varios encuentros con la Reina Isabel II, tocando en los Royal Variety Performances y en algunas otras ocasiones, especialmente cuando la Reina otorgó a cada uno un MBE. Más tarde, Lennon devolvió su medalla, pero no pudo revocar su estatus de Miembro de la Orden del Imperio Británico. Según la leyenda, cuando los Beatles se transformaron en hippies en 1967, la Reina dijo al presidente de EMI, Joseph Lockwood, que los Beatles se estaban «volviendo raros».

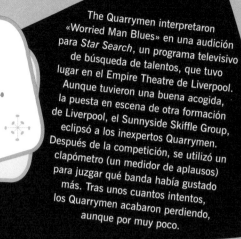

CLAPOMETER

The Quarrymen interpretaron «Worried Man Blues» en una audición para *Star Search*, un programa televisivo de búsqueda de talentos, que tuvo lugar en el Empire Theatre de Liverpool. Aunque tuvieron una buena acogida, la puesta en escena de otra formación de Liverpool, el Sunnyside Skiffle Group, eclipsó a los inexpertos Quarrymen. Después de la competición, se utilizó un clapómetro (un medidor de aplausos) para juzgar qué banda había gustado más. Tras unos cuantos intentos, los Quarrymen acabaron perdiendo, aunque por muy poco.

La elección del nombre de la banda se ha atribuido tanto a John Lennon como a Pete Shotton. Ambos asistieron a la escuela secundaria de Quarry Bank en Liverpool. El nombre salió de una frase del himno de la escuela: «Quarrymen, old before our birth» («Hombres del Quarry desde antes de nacer»).

El sonido skiffle, originario de los Estados Unidos, era una mezcla de jazz, folk y blues y se tocaba con instrumentos improvisados que se podían construir fácilmente y con poco dinero, como la tabla de lavar y el tea chest bass (bajo de cofre de té).

Lennon y McCartney empezaron a escribir canciones mientras estaban con los Quarrymen, aunque lo hicieron por separado. Lennon compuso «Hello Little Girl» y McCartney «I Lost My Little Girl». Ambos quedaron impresionados por la calidad de las canciones del otro.

La banda The Quarrymen se formó en Liverpool en 1956. Por un breve período de tiempo se les conoció como los Blackjack. El grupo era un exponente del sonido skiffle de los Estados Unidos, que se había hecho popular en Liverpool. Los Quarrymen originales eran John Lennon, Eric Griffiths, Pete Shotton y Bill Smith, y también contaban con la colaboración de personas como Nigel Walley, Ivan Vaughan, Len Garry, Colin Hanton y Rod Davis. Paul McCartney se unió en octubre de 1957 y George Harrison en 1958. Griffiths dejó la banda en 1958 para unirse a la marina, y Shotton se fue después de que Lennon rompiera una tabla de lavar sobre su cabeza… Lennon, McCartney y Harrison formaron un trío usando diferentes nombres, entre ellos Johnny and the Moondogs y Japage 3. Luego volvieron con los Quarrymen para grabar junto con Hanton y Garry la canción «That'll Be the Day» de Buddy Holly y una composición de McCartney-Harrison, «In Spite of All the Danger». Lennon era el cantante principal. También existen algunas grabaciones de mala calidad de sus primeras actuaciones en vivo.

Garry no pudo volver a tocar con la banda porque estuvo ingresado en el hospital durante mucho tiempo, y Hanton se fue después de una pelea. En 1960 se unió al trío el guitarrista Ken Brown, pero a la banda le faltaba el bajo y la batería. Brown enfermó, Stuart Sutcliffe se unió como bajista y Pete Best como batería. Todos los miembros del grupo coincidieron en que The Quarrymen no era un nombre adecuado, por lo que finalmente decidieron llamarse Beatles. El resto, como dicen…

de
THE QUARRYMEN

de
RINGO

Richard Starkey nació el 7 de julio de 1940, era hijo único de Richard 'Dick' Starkey y Elsie Gleave. Su padre abandonó a su familia cuando era joven y su madre contrajo matrimonio con Harry Graves. Ringo mantenía una buena relación con su padrastro, quien le regaló su primera "batería" como un regalo de Navidad. Estaba compuesta por un tambor, un bombo y una tapa de cubo de basura que servía como platillo. Cuando llegó la locura del skiffle, Ringo se obsesionó con este estilo y comenzó a unirse a bandas. Captó la atención de los Beatles cuando formaba parte del reconocido grupo de Liverpool Rory Storm and the Hurricanes. En 1962, cuando Pete Best fue despedido como baterista, Ringo se convirtió en el principal candidato para reemplazarlo. Ya había tocado con los tres Beatles en Hamburgo y también había grabado con ellos. Durante su tiempo con los Beatles, Ringo colaboró con la composición de algunas canciones, pero solo dos de las que escribió fueron publicadas por la banda: «Octopus's Garden» y «Don't Pass Me By». Cantó al menos una vez en cada álbum. «Yellow Submarine», la famosa canción cantada por Ringo, incluso llegó a ser número uno. También podemos oír su voz en el clásico «With a Little Help from My Friends». Contribuyó considerablemente a las películas de los Beatles y fue admirado por la crítica y el público por su humor seco y sus ingeniosas frases. Ringo se aficionó a la fotografía y se le acreditó como director de fotografía de la película *Magical Mystery Tour*.

De niño Ringo tuvo que ser hospitalizado en repetidas ocasiones, a causa de una apendicitis y más tarde incluso de una tuberculosis, por ello se perdió muchas clases en la escuela. A su regreso, después de una prolongada ausencia, sus compañeros de clase lo llamaban 'Lázaro'.

Como era uno de los pocos baterías que disponían de algo parecido a un equipo, Ringo pudo incorporarse a Rory Storm and the Hurricanes en 1959. Fue en esa época cuando adoptó por primera vez el nombre de Ringo Starr. Sus solos de batería durante los espectáculos se conocían como 'Starr Time', algo que los Beatles continuaron usando en sus actuaciones en directo. Su primera batería profesional era una Ludwig Oyster Black Pearl de tres piezas que empezó a usar a partir de 1963. En 2015 este equipo se vendió en una subasta por 2,25 millones de dólares.

«Octopus's Garden» es una canción del álbum Abbey Road cantada por Ringo Starr y escrita por él mismo con la ayuda de George Harrison. Durante unas vacaciones en el barco de Peter Sellers en Cerdeña, a Starr le llegó la inspiración para la canción escuchando las historias del capitán del barco sobre cómo los pulpos construyen jardines en el fondo del mar. Starr admitió más tarde que la canción reflejaba también su deseo de escapar de los problemas dentro de la banda, diciendo que él «solo quería estar bajo el mar» igual como reza la letra de la canción.

Los fans estaban disgustados por la partida de Best y no le dieron la mejor acogida al principio, sin embargo, Ringo no tardó mucho en recibir tantas cartas de los fans como los otros miembros del grupo. Los pins de 'I Love Ringo' fueron el artículo de merchandising de los Beatles más vendido en 1964.

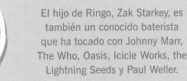

El hijo de Ringo, Zak Starkey, es también un conocido baterista que ha tocado con Johnny Marr, The Who, Oasis, Icicle Works, the Lightning Seeds y Paul Weller.

también de

«Revolution 9»
Este controvertido collage sonoro que figura en The Beatles (The White Album) fue creado por Lennon junto con Yoko Ono y George Harrison. Lennon dijo que su idea principal era pintar el cuadro de una revolución a través del sonido. El final experimental de la versión de la canción «Revolution» que aparece en el álbum sirvió de punto de partida para la creación de esta escultura sonora que es «Revolution 9». Un tema inspirado en el arte de Ono y obras de otros compositores de vanguardia. Los overdubs, los loops de cinta, los efectos de sonido, las palabras habladas y la manipulación en el estudio crearon una obra impactante e innovadora.

Rubber Soul
En 1965 los Beatles publicaban su sexto LP de estudio, antes de abandonar los escenarios. Contrastando con sus álbumes anteriores, este deja de ser un simple soporte para singles y se presenta como una colección de canciones pop sofisticadas y de calidad por derecho propio. También comenzó a introducir elementos de psicodelia y rock progresivo. Los temas clave que incluye son «Drive My Car», «Michelle», «Norwegian Wood» e «In My Life».

Revolver
El séptimo LP de estudio de los Beatles en el Reino Unido, y el primero desde que dejaron de actuar en directo, Revolver es el precursor de Sgt. Pepper's. Liberados del estrés de las giras, los Beatles pudieron dedicar más tiempo a las grabaciones en el estudio y los resultados fueron espectaculares: desde la orquestación de «Eleanor Rigby» y el groove psicodélico de «Tomorrow Never Knows», hasta la paleta musical ampliada en «I'm Only Sleeping» y «She Said, She Said».

The Rutles
Esta banda que parodiaba a los Beatles fue creada por Eric Idle de Monty Python y el comediante Neil Innes para dos mockumentales: The Rutles: All You Need Is Cash y The Rutles 2: Can't Buy Me Lunch.

Stuart Sutcliffe

Sutcliffe era el bajista original de los Beatles que tocó con ellos durante su estancia en Hamburgo, Alemania. Se enamoró de la fotógrafa alemana Astrid Kirchherr y del estilo bohemio y existencialista del grupo de estudiantes de arte que la rodeaban. Este estilo tuvo su influencia en el aspecto y el sonido de los Beatles. Se dice que a Lennon y a Sutcliffe se les ocurrió el nombre 'the Beetles' (ambos eran grandes fans de Buddy Holly and the Crickets). Sutcliffe prefirió quedarse en Alemania con Kirchherr, pero desafortunadamente murió de una hemorragia cerebral en abril de 1962. Sutcliffe tenía un gran talento para la pintura y, si hubiera sobrevivido, probablemente se habría hecho famoso. Sutcliffe figura como uno de los personajes de la portada de *Sgt. Pepper's*. Según Yoko, John hablaba a menudo de él y en una ocasión se refirió a Sutcliffe como su «alter ego... un espíritu en su mundo... una fuerza guía».

«Something»

Es el segundo tema del álbum *Abbey Road* de 1969. Es una canción de amor que Harrison compuso para Pattie Boyd, su esposa en aquel momento. Ganó el premio Ivor Novello a la mejor canción en 1971.

«Sexy Sadie»

«Sexy Sadie», de *The Beatles (The White Album)*, es una canción escrita por Lennon en relación a la estancia del grupo en la India. Lennon pretendía desenmascarar al gurú de meditación Maharishi Mahesh Yogi, después de que Mia Farrow, su compañera de meditación, se quejara de la inapropiada conducta sexual del gurú. Lennon, sintiéndose desilusionado con lo que pensaba que iba a ser un profundo despertar espiritual, escribió la frase «Maharishi, what have you done» («Maharishi, ¿qué has hecho?»). Finalmente, Harrison convenció a Lennon para que cambiara la letra.

Desde hace tiempo se ha rumoreado que el tema «Lucy in the Sky with Diamonds» trata sobre el LSD, siglas que también corresponden a las iniciales de las palabras clave del título. Lennon siempre ha afirmado que esta coincidencia no era intencionada. Más tarde se reveló que Julian Lennon, cuando estaba en la guardería, había hecho un dibujo llamado 'Lucy – in the sky with diamonds'. Pero... la letra de la canción...

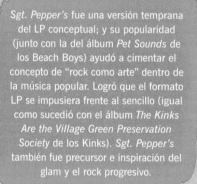

Sgt. Pepper's fue una versión temprana del LP conceptual; y su popularidad (junto con la del álbum *Pet Sounds* de los Beach Boys) ayudó a cimentar el concepto de "rock como arte" dentro de la música popular. Logró que el formato LP se impusiera frente al sencillo (igual como sucedió con el álbum *The Kinks Are the Village Green Preservation Society* de los Kinks). *Sgt. Pepper's* también fue precursor e inspiración del glam y el rock progresivo.

El álbum termina con un enigma que da lugar a interpretaciones. Se trata de un fragmento de voz hablada al final del álbum que si se reproduce normal se entiende la frase «never could be any other way» («nunca podría ser de otra manera»), pero si se reproduce al revés se convierte aparentemente en la frase «will Paul be back as Superman?» («¿volverá Paul como Superman?»).

Durante las sesiones del álbum se realizaron las grabaciones de «Strawberry Fields Forever» y «Penny Lane», que no llegaron a formar parte del LP porque fueron lanzadas como un sencillo de doble cara A. Lennon compuso «Strawberry Fields» inspirándose en el hogar infantil del Ejército de Salvación donde solía jugar de niño. Para Lennon era la mejor canción que había escrito en su época con los Beatles; y se considera una gran influencia en el género psicodélico. En 1990, Candy Flip la reinterpretó para la generación rave, logrando situarla entre los diez primeros puestos de las listas de éxitos.

McCartney explicó que la idea de una banda que no fueran los Beatles se le ocurrió porque «estábamos hartos de ser los Beatles. Realmente odiábamos esa imagen de cuatro jovencitos con peinado *mop-top*. Ya no éramos adolescentes, nos habíamos convertido en adultos».

de SGT. PEPPER'S

Sgt. Pepper's Lonely Hearts Club Band, lanzado en 1967, llegó en un momento difícil para los Beatles, un punto crucial en el que las relaciones de la banda empezaban a fracturarse. Habían decidido abandonar las actuaciones en directo porque el implacable estrés de las giras les estaba pasando factura. El álbum se formó a partir de una idea de McCartney, que quería distanciarlo de la imagen generalizada de los Beatles. George Martin recordó que Paul le dijo: «¿Por qué no hacemos el álbum como si la banda Pepper existiera en realidad, como si el Sargento Pepper fuera el autor de la obra?» Con Martin a cargo de la producción, el álbum se convirtió en mucho más que un simple disco. Experimental, influyente, pegadizo, repleto de grandes temas de principio a fin, sorprendente, estimulante y revolucionario, *Sgt. Pepper's* logró romper el molde, pero sin alejar al público. Todo lo contrario, de hecho. Algunos de los temas más memorables de los Beatles marcan el tono del disco, canciones innovadoras como «Within You Without You» de Harrison y el extraordinario cierre del álbum con «A Day in the Life» siguen influyendo a bandas modernas. Sin «A Day in the Life» no tendríamos ni «Bohemian Rhapsody» ni «Paranoid Android». La portada es icónica, con los Beatles luciendo sus famosos uniformes de gala de una banda militar. En ella aparecen artistas y figuras históricas que tuvieron un significado para los Beatles. *Sgt. Pepper's* ha ganado dos Grammys y se estima que la venta ha superado los 32 millones de copias en todo el mundo, lo que lo convierte en uno de los álbumes más vendidos en la historia de la música. En 2003 fue nombrado el mejor álbum de todos los tiempos por *Rolling Stone*.

T de

TOMORROW NEVER KNOWS

«Tomorrow Never Knows» es el último tema de *Revolver*, acreditado a Lennon-McCartney, pero escrito en su mayor parte por John. Es posiblemente uno de los temas más influyentes de la década de los sesenta y con toda certeza sigue siendo una de las canciones más fascinantes y arriesgadas jamás escritas. No puede subestimarse la importancia de este tema. Representa una gran influencia en la explosión del rock psicodélico de los años sesenta (y sus múltiples *revivals* posteriores). Ha sido imitada incontables veces. Dos años antes de que los Beatles se fueran a la India, ya se hacía evidente el interés de los Fab Four en la espiritualidad oriental y la meditación. Sin duda, también experimentaron con las drogas (inspirados en parte por William S. Burroughs). «Tomorrow Never Knows» era el resultado de sus experimentos. Con ese ambiente oriental, la letra misteriosa y la estética espiritual que lo engloba todo, la canción es un himno trascendental al plano superior. Es una de las canciones clave en el desarrollo de la música pop experimental contemporánea, la psicodelia y la electrónica. «Tomorrow Never Knows» va más allá de la estructura de acordes de la música pop convencional, ya que consiste principalmente en un pedal de acorde de Do con un acorde de Do mayor superpuesto, que en cierto punto hace un pequeño cambio a Si bemol mayor. El especial efecto de la voz de Lennon se consiguió utilizando un altavoz Leslie, que normalmente se empleaba para amplificar el órgano Hammond.

El título de la canción surgió a partir de un comentario de Ringo tras un incidente en la Embajada Británica en Washington DC. Después de que alguien le cortara un mechón de pelo a Ringo, Lennon le escuchó exclamar «tomorrow never knows!» («¡mañana nunca se sabe!»). La canción se había titulado de manera provisional como 'Mark 1'.

El tema aparece en el episodio de *Mad Men* titulado 'Lady Lazarus'. Se sabe que los productores de la serie llegaron a pagar la friolera de 250.000$ para poder usar la canción.

Lennon dijo a George Martin que quería «un sonido como el de cien monjes tibetanos cantando». Su voz se acabó grabando mientras sonaba a través de un altavoz giratorio... lo que hizo que Lennon bromeara diciendo que se podría haber logrado el mismo efecto si él se hubiese colgado del revés en el techo con una cuerda y lo hubieran hecho girar alrededor del micrófono mientras cantaba. Lennon comentó más tarde: «Debí haber insistido en mi idea original, la de los monjes cantando. Ahora me doy cuenta de que eso es lo que realmente quería».

THE TIBETAN BOOK OF THE DEAD

La letra de la canción se inspiró en el libro *The Psychedelic Experience: A Manual Based on the Tibetan Book of the Dead* (*La experiencia psicodélica: un manual basado en el Libro tibetano de los muertos*), escrito por Timothy Leary, Richard Alpert y Ralph Metzner, investigadores del potencial terapéutico de las drogas psicodélicas.

Para el sonido monótono y alargado se utilizó un sitar y una tambura (una mandolina balcánica de cuello largo). Los efectos se lograron con platillos invertidos, *loops* de cinta, técnicas de fundido y controles en la mesa de mezclas que desplazaban la música de un lado a otro. También se utilizaron los ajustes de flauta y cuerda de un Mellotron.

también de

«Taxman»
Una canción del álbum *Revolver* de 1966, «Taxman» era una amarga diatriba contra la política tributaria de impuestos "progresivos" de Harold Wilson en el Reino Unido de aquella época. Significaba que cuanto más ganabas, más impuestos tenías que pagar (llegaban hasta el 95 por ciento si estabas en el grupo de ingresos más alto). El grupo Jam "tomó prestado" el riff de «Taxman» para su canción «Start!».

Thomas the Tank Engine
Ringo fue el narrador del programa de televisión para niños *Thomas the Tank Engine and Friends* durante sus dos primeras temporadas, un programa emitido en ITV en 1984.

«Ticket to Ride»
«Ticket to Ride» es un tema lanzado en abril de 1965. Se convirtió en el séptimo sencillo número uno de los Beatles en el Reino Unido y el noveno en Estados Unidos. Lennon es el autor de esta canción que se incluyó en el LP *Help!* Se considera un punto de inflexión para los Beatles, una progresión desde las canciones de amor, versiones, yeah yeah yeahs y clichés, a un sonido más duro y contundente. Influenció de manera significativa en el power y el jangle pop.

«Twist and Shout»
«Twist and Shout» es un tema escrito por Phil Medley y Bert Berns. La primera grabación la hizo el grupo Top Notes, y luego llegó a lo alto de las listas con la interpretación de los Isley Brothers en 1962. También existen versiones de The Who y de The Tremeloes, pero los Beatles la hicieron realmente suya. Se incluyó en su LP debut, *Please Please Me*, y se grabó en unos 15 minutos. Lennon tenía un fuerte resfriado y cantó con una voz tan áspera y ronca que la grabación se convirtió en una de las actuaciones vocales más memorables de la historia.

también de

Unreleased (inéditos)
Existen bastantes canciones de los Beatles que nunca han sido oficialmente lanzadas al mercado y que han ido apareciendo poco a poco en *bootlegs* y versiones demo. Entre las mejores de estas canciones se encuentran «Child of Nature», con una melodía que Lennon utilizó más tarde para su éxito en solitario «Jealous Guy»; el fabuloso instrumental de «The Palace of the King of the Birds» de McCartney; «Circles», una evocadora e inquietante melodía a ritmo lento compuesta por Harrison; y la amarga «The Maharishi Song» una canción de Lennon que fue la precursora de «Sexy Sadie».

Ukelele
George Harrison tocaba el ukelele en muchas de las canciones de los Beatles y más tarde también en sus temas en solitario. Elogió muchas veces las virtudes de este instrumento. Tom Petty recordó cómo Harrison se presentó en su casa un día y le enseñó a tocar el ukelele. John tocó el ukelele en «All Together Now»; y Paul lo usó a menudo en sus conciertos, especialmente cuando interpretó «Something» en el concierto dedicado a George en 2002.

Unplugged (acústico)
The Beatles Unplugged es uno de sus *bootlegs* más apreciados, una colección de demos caseras y sesiones improvisadas. Se grabó en la finca Kinfauns en Esher, donde vivía Harrison en aquel momento. Corrían rumores acerca de un distanciamiento dentro de la banda. Pero el disco te hace pensar lo contrario (a pesar de la ausencia de Starr). Es una grabación con alegres versiones de «Back in the U.S.S.R» y «Yer Blues», además de un «Ob-La-Di, Ob-La-Da» al estilo reggae, así como varias otras curiosidades y rarezas.

En octubre de 1963, el vuelo de Ed Sullivan sufrió un retraso en el aeropuerto Heathrow de Londres por culpa de la aglomeración de gente provocada por el regreso de los Beatles desde Suecia. Este acontecimiento hizo que Sullivan, el presentador del programa de televisión más popular de EE.UU. en ese momento, pusiera su atención en la banda.

El encuentro entre Dylan y los Beatles en el Hotel Delmonico de Nueva York es digno de mención por haber influido en el devenir de la historia del rock, puesto que Dylan los introdujo a la marihuana y (supuestamente) era la primera vez que los Beatles la consumían.

Las giras de los Beatles en EE.UU. impulsaron la popularidad de otras bandas británicas en el país, como Rolling Stones, Eric Burdon and the Animals, Herman's Hermits, the Kinks, Freddy and the Dreamers y los Dave Clark Five.

La banda dio dos conciertos en el legendario Carnegie Hall el 12 de febrero de 1964. Keith Badman cita a John Lennon en su libro *The Beatles Off the Record*: «¡El Carnegie Hall fue terrible!... No era un espectáculo de rock; era una especie de circo donde nosotros éramos unas bestias enjauladas. Tanto entre bastidores como en el escenario la gente estaba loca por tocarnos, si daban con nosotros nos hablaban sin escucharnos, incluso nos metían mano. Nos trataban como si fuéramos animales».

THE BEATLES!

La prensa sacó de contexto el comentario de Lennon sobre Jesús. Lo que él realmente dijo fue: «Ahora nosotros somos más populares que Jesús; no sé qué desaparecerá primero, el rock 'n' roll o el cristianismo». Al principio el comentario pasó desapercibido. Fue cuando se enteró la derecha cristiana que se desató una "cacería de brujas" contra los Beatles. Se llegaron a realizar quemas públicas de álbumes y diversos objetos relacionados con el grupo. La reacción fue tan extrema que Epstein consideró cancelar todos los viajes de los Beatles a los EE.UU.

U de ESTADOS UNIDOS

Cuando los Beatles aterrizaron en América, nadie se esperaba el caos que se produciría. El acontecimiento se convirtió en un hito en la historia de la música. El 7 de febrero de 1964 los Beatles cruzaron el Atlántico en el vuelo 101 de la Pan Am, acompañados por Brian Epstein, Neil Aspinall, el *roadie* Mal Evans y algunos periodistas. El plan era actuar en *The Ed Sullivan Show* y luego dar algunos conciertos. Los Beatles interpretaron cinco canciones en el popular programa de televisión. Aproximadamente 73 millones de espectadores siguieron la emisión, casi dos quintas partes de la población estadounidense. En abril de 1964, pasarían a ocupar los cinco primeros puestos en la lista de éxitos Billboard Hot 100, estableciendo un récord que aún no ha sido superado. La banda regresó a los Estados Unidos en los años 1964, '65 y '66, y todos sus espectáculos contaron con una enorme afluencia de público. Sin embargo, en 1966 cambió la suerte de los Beatles en América. Alguien debería haber advertido a John Lennon que no era buena idea meterse con la religión en EE.UU. Su comentario «Ahora somos más populares que Jesús» causó una ola de indignación. Provocó tal revuelo que, aunque no afectó a su popularidad, sí tuvo el impacto suficiente como para que los Beatles decidieran dejar atrás sus días de gira. Aunque su última actuación en Candlestick Park fue un éxito, no llegó a llenar el estadio. Recibieron amenazas de muerte y el Ku Klux Klan intentó impedir el acceso a sus conciertos. Estos incidentes y la locura desatada, impulsaría a los Beatles a distanciarse de las normas del rock and roll convencional para crear las suyas propias, cambiando así el curso de la música contemporánea para siempre.

V de VIDEOCLIPS

En 1965 los Beatles empezaron a sentir la presión de tener que actuar en directo en la televisión de manera constante. Pero como estaban tan ocupados y tan solicitados, dieron con la solución de filmar las actuaciones para enviarlas luego a las cadenas de televisión. Entre estas primeras grabaciones se encuentran los vídeos musicales de «We Can Work it Out», «Day Tripper» y «Help!» El videoclip de esta última canción se convirtió en la escena inicial de la película del mismo nombre, y también sirvió para promocionarla. Se rodó en un estudio de sonido en los Twickenham Film Studios y lo mandaron a programas musicales como *Top of the Pops* y *Thank Your Lucky Stars*, que hasta ese momento habían emitido solamente actuaciones en directo o en *playback*. También realizaron vídeos musicales para «Ticket to Ride» y «I Feel Fine», ambos dirigidos por Michael Lindsay-Hogg. Todos los clips eran de actuaciones en directo. En 1966 los Beatles produjeron un vídeo promocional (¡en color!) para la canción «Paperback Writer» y tres vídeos para «Rain» (el lado B del sencillo). Ambos fueron ampliamente difundidos en los nuevos medios de comunicación de la época. El vídeo de «Paperback Writer» también es una actuación en directo, pero, a diferencia de los anteriores, que fueron grabados en estudios de sonido, este fue filmado en los jardines de Chiswick House y se considera uno de los primeros videoclips con argumento creados para una canción. En uno de los tres clips para «Rain» fueron un paso más allá: se muestra a la banda paseando por los jardines mientras aparecen intercaladas secuencias de niños jugando. Este clip se transmitió en *The Ed Sullivan Show* y *Top of the Pops* en junio de 1966. El colorido clip de «Hello Goodbye» marcó el inicio de una nueva tendencia, luego le siguieron el de «Strawberry Fields Forever» y «Penny Lane», vídeos conceptuales a todo color, en los que los Beatles ni tocan ni cantan. Estos clips establecieron la pauta de los vídeos musicales futuros de la banda. Asimismo, se grabó un 'Especial de TV' para *Sgt. Pepper's*, pero se acabó recortando y se utilizó para integrarlo en el clip de «A Day in the Life».

también de

Ya desde el principio, a los Beatles les gustaba darles un toque especial a sus vídeos de actuaciones en directo. En el clip de «Help!» Ringo sostiene un paraguas; y en el de «I Feel Fine» se le ve montado en una bicicleta estática.

Dado que la Musicians' Union del Reino Unido había prohibido el *playback*, los Beatles no utilizaron esta técnica en el vídeo de «Strawberry Fields Forever». Aunque, más tarde, se metieron en problemas por su evidente uso del *playback* en el vídeo de «Hello Goodbye».

La película *Magical Mystery Tour* es en realidad una colección de vídeos musicales. Destaca el clip de «I Am the Walrus». La mezcla de secuencias de vídeos con actuación en directo más los personajes y el vestuario se convirtieron en un modelo que fue imitado en muchos videoclips musicales posteriores.

El sueco Peter Goldman dirigió los clips de «Strawberry Fields Forever» y «Penny Lane» y recordó cómo la banda, sentada en el Rolls Royce de John, le daba consejos (y se burlaba de él).

En la serie de televisión de 1995 *The Beatles Anthology*, George Harrison, en referencia a los primeros vídeos musicales de los Beatles, afirmó: «Creo que, en cierto modo, inventamos MTV».

El videoclip de «Paperback Writer» se emitió en el programa de ITV *Ready Steady Go!* en junio de 1966. Por lo visto, fue la primera vez que este programa emitió material que no había sido filmado en su estudio.

Guerra de Vietnam

Cuando los Beatles llegaron a los Estados Unidos, el país estaba metido de lleno en la guerra de Vietnam, que duró desde 1955 a 1975. Los Beatles mostraron abiertamente su oposición a la guerra. La canción «Revolution» trata este tema de forma directa. Por un lado, apoya a los manifestantes, pero, por otro, los critica por la violencia de sus protestas. Esta postura afectó a la popularidad de los Beatles en América.

Klaus Voorman

El artista y músico Klaus Voorman conoció a los Beatles en el club Kaiserkeller de Hamburgo. Voorman acabaría trasladándose a Londres y ganaría un Grammy por su diseño de la portada de *Revolver*. Voorman ha tenido una larga carrera como músico de sesión. Contribuyó a muchos de los álbumes en solitario de los Beatles y publicó su propio álbum en solitario en 2009.

Vocalistas

Lennon y McCartney siempre fueron las vocalistas principales de los Beatles, aunque George también contribuyó de manera significativa. Ringo era el que menos cantó de todos, pero por lo general se le concedió un poco más de protagonismo en más o menos una canción por álbum.

«Within You Without You»

Tras su estancia en la India con su profesor de sitar Ravi Shankar, Harrison se sintió inspirado para componer este tema, que es una combinación de pop occidental con música oriental y que contribuyó a impulsar el verano del amor, la psicodelia, la world music y el pop experimental. Pero los críticos de la época (e incluso de la actualidad) lo consideraron pretencioso y aburrido. Es la primera canción que aparece en el lado B de *Sgt. Pepper's* y, sin duda, destaca por ser claramente diferente. Asimismo, el legado de la canción perdura en el tiempo. Ha sido versionada por Sonic Youth, Patti Smith, Flaming Lips, Oasis y Cheap Trick. Además, para el LP *Love* de los Beatles, se realizó una hábil mezcla del tema con «Tomorrow Never Knows».

«With a Little Help from My Friends»

Escrito por Lennon y McCartney, este tema siempre estuvo pensado para que lo cantara Ringo Starr. Lo cantó encarnando el personaje ficticio 'Billy Shears'. Ahora resulta difícil imaginarse a otro miembro de la banda cantando esta canción y Starr sigue interpretándola en sus conciertos. Cuando fue lanzada como single junto con la reedición de 1978 de *Sgt. Pepper's*, se situó en el top 100 a nivel mundial. Joe Cocker versionó el tema en 1969 y su inimitable versión llegó al número uno en el Reino Unido.

Wonderwall Music

El primer LP en solitario de George Harrison fue publicado por el sello Apple Records en 1968, antes de que los Beatles se separaran. Fue la banda sonora de la película *Wonderwall*; y contó con la participación de músicos indios y con la colaboración de Ringo Starr y Eric Clapton. Oasis se inspiró en esta banda sonora para su gran *hit* de 1995.

«Hey Jude» y «Revolution» (no las versiones que aparecen en este álbum) se grabaron durante las sesiones del *Álbum Blanco*, pero se lanzaron por separado como single de doble cara A.

The BEATLES

Lennon dijo que las canciones de McCartney para el álbum eran «empalagosas, dulces y sosas», mientras que McCartney dijo que las de Lennon eran «estridentes, poco melodiosas y deliberadamente provocativas». Lennon señaló que «la ruptura de los Beatles se puede escuchar en ese álbum».

Ringo dejó la banda después de una discusión sobre su forma de tocar la batería en «Back in the U.S.S.R.» porque se sentía infrautilizado y poco apreciado. En su ausencia, McCartney tocó la batería en «Dear Prudence». Finalmente lograron convencer a Starr para que regresara al estudio, donde le esperaba una batería cubierta de flores para darle la bienvenida.

Por insistencia de Harrison, Eric Clapton interpretó el solo de guitarra en «While My Guitar Gently Weeps». Clapton le regaló a Harrison la guitarra que había usado, y a esa guitarra Harrison la llamó 'Lucy'.

En noviembre de 2018 se lanzó una reedición del álbum con motivo del 50 aniversario. Con respecto a la reedición, McCartney comentó a *The Canadian Press*: «No lo he escuchado en 50 años. En realidad, no escucho las cosas que hicimos. Luego vuelven a aparecer (con una reedición). Me pasó con *Sgt. Pepper's*. Dije, "Guau, mira esto... ¡esos chicos son buenos!" Me invaden los recuerdos.»

W de THE WHITE ALBUM

El noveno álbum de estudio de los Beatles en el Reino Unido, lanzado en 1968. Aunque su título provisional era *A Doll's House*, terminó llamándose *The Beatles*. Sin embargo, la cubierta totalmente blanca con solo un título en relieve hizo que el álbum se conociera para siempre como *The White Album*. Fue publicado por el propio sello de los Beatles, Apple Records. La banda había escrito la mayoría de los temas durante su retiro en la India, colaborando poco entre ellos, lo que permitió destacar el estilo propio de cada uno. El álbum siguió a *Sgt. Pepper's* y presenta un enfoque totalmente diferente. La portada era un claro contraste a la llamativa y colorida imagen de *Sgt. Pepper's*. Además, el orden aleatorio de las canciones planteaba un distanciamiento del LP conceptual. Las sesiones resultaron complicadas: Ringo se marchó de la banda durante dos semanas de grabación; algunos dicen que la constante presencia de Yoko en el estudio puso a la banda en tensión; George Martin se tomó un descanso repentino; y el ingeniero Geoff Emerick decidió renunciar a su puesto en la discográfica. Sin embargo, del caos a veces surgen cosas buenas. *The Beatles (The White Album)* es considerado en la actualidad uno de los discos más grandes e influyentes de todos los tiempos. Fue el álbum más crudo de los Beatles («Helter Skelter»), el más experimental («Revolution 9»), el más intrigante («Happiness Is a Warm Gun»), el más alegre y divertido («Rocky Raccoon») y el más maravillosamente melódico («Blackbird»). Un álbum doble controvertido, estimulante, desconcertante e inspirador. *The Beatles (The White Album)* es una obra maestra. En su lanzamiento alcanzó el número uno en el Reino Unido, Estados Unidos y Australia.

de CLASIFICACIÓN - X

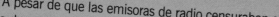

DIOS SALVE A LOS BEATLES

¡DIOS SIEMPRE, BEATLES JAMÁS!

PROHIBIR A LOS BEATLES

JESÚS TE QUIERE ¿LOS BEATLES TAMBIÉN?

BEATLES PROFANOS

A pesar de que las emisoras de radio censuraban sus canciones con frecuencia por contener referencias a drogas y usar palabras como 'knickers' ('bragas'), los Fab Four, comparados con otros grupos como los Rolling Stones, casi siempre parecían buenos chicos, al menos desde fuera. Sin embargo, los más enterados (y especialmente los mismos Beatles) tienen mucho que contar sobre sus tiempos hedonistas. Parece que, con todo a su alcance y el mundo a sus pies, los cuatro sinvergüenzas gozaron de lo lindo. En una entrevista con GQ en 2018, Paul McCartney se fue de la lengua hablando sobre los primeros días de los Beatles y sus actividades nocturnas. McCartney contó que una noche, cuando eran jóvenes, se encontraba en una habitación con John Lennon y algunos amigos cuando uno de los amigos comenzó a masturbarse. Todos los presentes en la habitación siguieron su ejemplo, mientras pronunciaban varios nombres como Brigitte Bardot para estimularse. Al cabo de un rato, naturalmente Lennon se hizo el gracioso exclamando: «¡Winston Churchill!». McCartney también habló de sus días en Hamburgo cuando compartían una sola habitación, lo que significaba que cualquier "actividad" se realizaba en presencia de los otros miembros de la banda. George Harrison, como era el más joven, fue el último en "convertirse en un hombre". Cuando lo hizo, en una habitación oscura rodeado por sus compañeros de banda, recibió un caluroso aplauso. Se sabe que los Beatles también consumieron muchas drogas. Lennon declaró: «*Rubber Soul* fue el álbum de la marihuana y *Revolver* el del ácido». Ringo admitió más tarde que en algunas sesiones estaban completamente colocados. Dijo: «Cuando tomábamos demasiadas sustancias, la música era una mierda, una mierda total».

La portada original del álbum estadounidense *Yesterday and Today* presentaba una fotografía bastante extraña realizada por el australiano Robert Whitaker. La imagen mostraba a los Beatles vestidos con batas de carnicero, sosteniendo trozos de carne cruda y muñecas de plástico decapitadas. Whitaker quería alejarse de la impecable imagen de los Beatles y hacer algo más atrevido. Pero la indignación del público obligó a la rápida retirada del álbum y la portada fue rediseñada con una fotografía más convencional. A pesar de ello, las copias originales con la famosa "portada de los carniceros" se han convertido en uno de los objetos de colección más valiosos de los Beatles.

Lennon y Harrison (junto con sus respectivas esposas) tomaron un café con un toque de LSD en casa de su amigo dentista John Riley. Una anécdota a la que George Harrison se refirió más tarde como la 'Experiencia Dental'.

Lennon y Ono se engancharon a la heroína a finales de los años sesenta. Ono explicó que la poca pureza de la heroína junto con la dificultad de conseguirla les ayudó a superar la adicción. Para ello, John Lennon además recurrió a un tanque de flotación. Su canción «Cold Turkey» describe los síntomas del síndrome de abstinencia.

La famosa frase "I am the Eggman", de la canción «I Am the Walrus», surgió de una conversación entre Lennon y el cantante Eric Burdon de The Animals sobre una de las proezas sexuales de Burdon. Por lo visto, una chica rompió un huevo crudo en su pecho y después de que se derramara por su cuerpo lo complació.

McCartney en una entrevista con GQ recordó que una vez en los EE.UU. un promotor de la gira le preguntó si quería una prostituta. Paul pidió dos y disfrutó de su experiencia. También mencionó que John Lennon abandonó un club para acostarse con una mujer casada, pero acabó descubriendo que el marido los estaba observando. Pero eso a John pareció no importarle.

también de

Rayos X
Los Beatles como banda nunca pudieron tocar en Rusia porque estaban censurados. Sin embargo, los soviéticos encontraron una manera curiosa de escuchar su música. Era el momento de las grabaciones piratas, pero el vinilo era escaso y caro, así que a los fans rusos se les ocurrió la idea de grabar las canciones en radiografías de hospital desechadas. Los discos piratas resultantes eran música de los Beatles grabada en acetatos, junto con imágenes espeluznantes de brazos, piernas y cajas torácicas rotas.

Expediente X
En el episodio 19 de la séptima temporada de la serie de TV sobre investigación paranormal, titulado 'El directo de Hollywood', Mulder, durante la investigación de un asesinato, encuentra una antigua reliquia de cerámica en las catacumbas de una iglesia. Le cuenta a Scully la leyenda de 'La Vasija de Lázaro', una vasija de arcilla que supuestamente lleva grabada las palabras que pronunció Jesús cuando resucitó a Lázaro de entre los muertos. Al examinar la reliquia mediante análisis sónico, se descubre que contiene la letra de «I Am the Walrus» de los Beatles.

Felicitaciones de Xmas
Desde 1963 a 1969 los Beatles enviaron felicitaciones navideñas a sus fans en discos flexi. En 1970 se hizo una compilación especial de estos siete discos. Entre las más destacadas se encontraban 'Rudolph the Red-Nosed Ringo'; un sketch llamado 'Podgy the Bear and Jasper'; una versión de «Nowhere Man» interpretada en ukelele por Tiny Tim; y una entrevista entre Yoko Ono y John Lennon.

«Yesterday»

«Yesterday» es un tema escrito por Paul McCartney en 1965 y forma parte del álbum *Help!*. Originalmente la canción contenía provisionalmente las palabras 'scrambled eggs' ('huevos revueltos') en lugar de 'yesterday', una técnica que utilizaba McCartney para recordar la melodía mientras encontraba las palabras adecuadas para sus canciones. «Yesterday» ganó el premio Ivor Novello por la mejor canción de 1965, fue nominada a un Grammy como mejor canción en 1966 y se incluyó en el Salón de la Fama de los Grammy en 1997. Lennon, en su canción de 1971 sobre McCartney titulada «How Do You Sleep», dice con toda claridad: 'The only thing you done was Yesterday' ('Lo único que hiciste fue Yesterday'). Además, «Yesterday» ostenta el récord mundial Guinness por ser la canción más versionada de la historia.

Yesterday and Today

Yesterday and Today es el décimo álbum de los Beatles lanzado por Capitol Records para el mercado de los Estados Unidos y Canadá. Contenía canciones que provenían de los álbumes *Rubber Soul* y *Help!* lanzados por EMI UK, el single de doble cara A «Day Tripper»/«We Can Work it Out» y tres temas del próximo LP de *Revolver*: «And Your Bird Can Sing», «Doctor Robert» y «I'm Only Sleeping».

Yoyo

Los Beatles, que eran grandes fans de Carl Perkins, versionaron su canción «Right String, Wrong Yoyo». Esta grabación forma parte del *bootleg Jamming with Heather*, una serie de canciones improvisadas que grabaron durante las sesiones del proyecto 'Get Back'/'Let It Be'. El nombre del *bootleg* se debe a la presencia en el estudio de Heather, la hija de Linda McCartney de una relación anterior, que luego fue adoptada por Paul.

En la portada del LP se ve a Lennon con el dedo índice y el meñique levantados, un gesto que más tarde se convertiría en símbolo del rock and roll.

«All You Need Is Love» fue escrita por John Lennon y lanzada como un single, pero también apareció en la banda sonora de *Yellow Submarine*. En 1967 los Beatles interpretaron la canción en vivo en *Our World*, la primera transmisión global emitida en televisión vía satélite que vieron más de 400 millones de personas. La canción llegó al número uno en los Estados Unidos, el Reino Unido, Australia y muchos otros países.

El luchador profesional Brian Heffron tomó prestado de los villanos de *Yellow Submarine* su nombre artístico 'the Blue Meanie'. Además, decía provenir de 'Pepperland', el paraíso musical de la película.

Algunos de los personajes que aparecen en *Yellow Submarine* son los Blue Meanies, Lord Mayor, los Countdown Clowns, los Apple Bonkers, Dreadful Flying Glove, Old Fred y Jeremy Hilary Boob.

Los Blue Meanies (Malvaditos Azules) al principio iban a ser rojos, pero acabaron siendo azules de forma accidental por un error del asistente del director de arte Heinz Edelmann. Al final todos coincidieron en que el azul funcionaba mejor.

Y de YELLOW SUBMARINE

Yellow Submarine, el décimo álbum de los Beatles, nació de la imaginación de Paul McCartney, igual que Sgt. Pepper's. Fue la banda sonora de la película animada de 1968, dirigida por George Dunning y basada en una historia de Lee Minoff (a partir de ideas de Lennon y McCartney). Cuesta creer que esta fantástica y colorida aventura psicodélica surgiera en un momento tan difícil para los Beatles. Las relaciones entre ellos se estaban deteriorando. Además, estaban pasando por un bache emocional y se encontraban faltos de liderazgo por la lamentable e inesperada muerte de su mánager Brian Epstein. Las anteriores películas de los Beatles no habían tenido tan buena acogida, pero Yellow Submarine fue un gran éxito. La canción que da nombre a la película es, por supuesto, también un clásico de los Beatles. La cara A es interesante porque se puede apreciar el talento hasta entonces poco reconocido de George Harrison. Contiene dos de sus mejores composiciones con los Beatles, «Only a Northern Song» (que no se incluyó en la película) y la genial «It's All Too Much». La cara B del álbum es una banda sonora orquestal del productor George Martin. Sin embargo, musicalmente, la canción «All You Need Is Love» acabaría eclipsando al resto para siempre. El álbum llegó a los cinco primeros puestos de las listas de éxitos en el Reino Unido y los Estados Unidos. Ringo Starr es el vocalista principal de la canción «Yellow Submarine» que se publicó originalmente en el álbum Revolver (1966). Asimismo, fue lanzada como single junto con «Eleanor Rigby». Llegó al número uno en el Reino Unido durante cuatro semanas y ganó el Premio Ivor Novello por alcanzar el mayor número de ventas de un single en 1966.

de ZEBRA CROSSING
(Paso de cebra)

El undécimo álbum de estudio de los Beatles, *Abbey Road*, publicado en 1969, cuenta con una de las portadas más icónicas de la historia. Fue diseñada por el director de arte de Apple Records, John Kosh, y fotografiada por Iain Macmillan. Junto con la de *Sgt. Pepper's*, es una de las portadas más famosas de los Beatles. *Abbey Road* muestra a los cuatro Beatles caminando por el paso de cebra al noroeste de la calle del mismo nombre. En la portada del álbum no aparece ni el nombre de la banda ni el título del álbum. En un principio, los ejecutivos de Apple Records lo consideraron un suicidio comercial. Con respecto a ello, el diseñador Kosh comentaría a la BBC en 2009: «No necesitábamos incluir el nombre de la banda en la portada... se trataba de la banda más famosa del mundo». EL estudio de grabación Abbey Road, situado en el barrio St John's Wood de Londres, cerca del estadio Lord's Cricket Ground, sigue siendo muy importante en la actualidad, aunque el álbum de los Beatles es su logro más destacado. La portada del álbum ha convertido el estudio en un lugar histórico. El paso de cebra sigue siendo un lugar muy visitado hoy en día. Muchos fans y turistas acuden al lugar para fotografiarse recreando la emblemática imagen y se producen atascos en la concurrida calle. En el 40 aniversario del álbum, miles de personas se congregaron en Abbey Road para participar en una sesión de fotos en el famoso paso de cebra. En diciembre de 2010 recibió el estatus de Monumento Clasificado por su importancia cultural e histórica.

Los defensores de la leyenda urbana 'Paul está muerto' han encontrado innumerables pistas en la imagen de esta portada: Paul sostiene su cigarrillo con su mano derecha (pero Paul es zurdo, ¡así que este tipo debe ser un impostor!); uniendo unos puntos que aparecen sobre el hormigón en la imagen de la parte trasera del álbum se obtiene el número '3', que supuestamente indica el número de los Beatles reales; la matrícula del Volkswagen Escarabajo es LMW 28IF, lo que significa que Paul tendría en aquel momento 28 años si estuviera vivo (a pesar de que en realidad tenía 27); una furgoneta policial negra simboliza el silencio de las autoridades ante el fatal accidente de coche que aparentemente sufrió el auténtico Beatle...

En 2018 se levantó el famoso paso de cebra para volver a pavimentarlo. Hordas de fans aparecieron para hacerse con algún pedazo de los escombros.

El Volkswagen Escarabajo blanco que aparece en la fotografía cerca del paso de cebra pertenecía a una pareja que vivía enfrente del estudio. La matrícula del coche, LMW 281F, fue robada en repetidas ocasiones después del lanzamiento del álbum.

El letrero con el nombre de la calle ha sido objeto de constantes robos y actos de vandalismo. En un intento por reducir los repetidos costes de sustitución de la placa, el ayuntamiento decidió colocarla en un lugar mucho más elevado del habitual.

ABBEY ROAD NW8
CITY OF WESTMINSTER

Para añadir más leña al fuego con respecto a la leyenda 'Paul está muerto', la imagen parece representar una procesión funeraria. En la foto Paul McCartney no lleva zapatos (en algunas culturas los muertos son enterrados sin zapatos) y, además, es el único que avanza con la pierna contraria en comparación con el resto de los miembros. La teoría conspiratoria sostiene que McCartney murió en un accidente de coche y fue reemplazado por un doble para preservar el éxito comercial de los Beatles.

Mucha gente ha imitado la portada, incluidos los personajes de Los Peanuts, Los Simpson, Ren y Stimpy, Kanye West y los Red Hot Chili Peppers. Aunque tal vez la imagen más famosa sea la del propio Paul McCartney paseando a su perro en la portada de su álbum *Paul McCartney Is Live*, un título que es un ingenioso juego de palabras que hace referencia a los rumores de su muerte. Dato curioso: el perro de la portada es Arrow, uno de los cachorros de la perra pastor Martha que inspiró la canción «Martha My Dear».

Z
también de

Frank Zappa

John Lennon mencionó que siempre había querido conocer a Frank Zappa, lo cual no es de extrañar, puesto que ambos fueron unos rebeldes incansables. El álbum de Frank Zappa and the Mothers of Invention titulado *We're Only in it for the Money* fue claramente una copia satírica de la portada de *Sgt. Pepper's*. Zappa se puso en contacto con McCartney para pedirle permiso para hacer la portada; y Paul le respondió que era un asunto que debía tratar con los gerentes de la empresa. La portada se retrasó cinco meses, e incluso así la discográfica, Verve, acabó colocando la foto en la funda interior del álbum de Zappa. A pesar de ello, Lennon y Zappa actuaron juntos en el escenario de Fillmore East en 1971. Cuando Lennon incluyó la grabación en su álbum en vivo *Some Time in New York City*, Zappa comentó: «Supongo que se fue con Phil Spector y mezcló aquello con ese ridículo eco de cinta ralentizado suyo».

Zither (cítara)

George Harrison tocó una especie de cítara llamada swarmandal en las canciones «Strawberry Fields Forever» y «Within You Without You».

Zapple Records

Apple Records creó un sello paralelo, llamado Zapple Records, para publicar material más experimental, así como grabaciones de palabra hablada. Al final solo se produjeron dos álbumes en este sello.

Edición original inglesa publicada en 2018 por
Smith Street Books
Melbourne | Australia
smithstreetbooks.com

Editor: Paul McNally
Editora del proyecto: Hannah Koelmeyer
Editora: Ariana Klepac
Diseño: Michelle Mackintosh
Ilustración: Chantel de Sousa, The Illustration Room

Texto © Steve Wide
Ilustraciones © Chantel de Sousa
Diseño © Smith Street Books

© 2020, Redbook Ediciones, s. l., Barcelona

Traducción y compaginación: Amanda Martínez

ISBN: 978-84-121366-4-7

Depósito legal: B-4.731-2020

Impreso por Sagrafic, Pasaje Carsi 6, 08025 Barcelona

Impreso en España - *Printed in Spain*